本书获教育部人文社科重点研究基地重大项目
的经济与福利影响研究"（16JJD790007）资助；本书为 2018 年济
南市哲学社会科学规划项目"济南市流动人口户籍迁移意愿研究"
研究成果

中国劳动力教育结构与制造业企业出口

——理论和实证研究

Education Structure of Chinese Labor Force and Manufacturing Firm Export：Theoretical and Empirical Studies

崔凌云　著

中国财经出版传媒集团

经济科学出版社
Economic Science Press

图书在版编目（CIP）数据

中国劳动力教育结构与制造业企业出口：理论和实证研究/
崔凌云著 . —北京：经济科学出版社，2019. 1
ISBN 978 - 7 - 5218 - 0236 - 8

Ⅰ. ①中… Ⅱ. ①崔… Ⅲ. ①劳动力 - 教育结构 - 关系 -
制造工业 - 出口贸易 - 研究 - 中国 Ⅳ. ①F249. 21②F426. 4

中国版本图书馆 CIP 数据核字（2019）第 022500 号

责任编辑：于海汛 赵 芳
责任校对：李 伟
责任印制：李 鹏

中国劳动力教育结构与制造业企业出口
——理论和实证研究
崔凌云 著

经济科学出版社出版、发行 新华书店经销
社址：北京市海淀区阜成路甲 28 号 邮编：100142
总编部电话：010 - 88191217 发行部电话：010 - 88191522
网址：www. esp. com. cn
电子邮件：esp@ esp. com. cn
天猫网店：经济科学出版社旗舰店
网址：http：//jjkxcbs. tmall. com
北京密兴印刷有限公司印装
710 ×1000 16 开 14 印张 200000 字
2019 年 3 月第 1 版 2019 年 3 月第 1 次印刷
ISBN 978 - 7 - 5218 - 0236 - 8 定价：50. 00 元
（图书出现印装问题，本社负责调换。电话：010 - 88191510）
（版权所有 侵权必究 打击盗版 举报热线：010 - 88191661
QQ：2242791300 营销中心电话：010 - 88191537
电子邮箱：dbts@ esp. com. cn）

前　言

　　2008 年以来我国出口面临严峻的国内约束和国外挑战。为重振出口，特别是制造业出口，需提高生产效率并进行行业转型升级，为"中国制造"赋予新内涵。为此，国务院 2015 年出台了"中国制造 2025"战略，强调以人为本，要依赖企业人力资本促进制造业发展。理论和实证研究早已肯定人力资本积累可促进宏观经济增长，但微观层面中，人力资本对企业生产和出口的作用尚未被充分研究。员工素质和高管能力是衡量企业人力资本的两方面，员工教育或高管教育越高，企业员工素质或高管能力越强，企业人力资本水平越高。那么微观层面中，员工教育及高管教育（统称劳动力教育）如何影响制造业企业生产和出口？应如何改善劳动力教育结构以实现我国制造业强国目标？为解答这些问题，本书从理论和实证两方面展开研究。

　　本书第 1 章为绪论，总结了我国出口贸易发展历程及现状特征，归纳了我国制造业劳动力结构特征，说明劳动力结构决定我国比较优势和出口发展，从企业层面研究劳动力教育结构对企业生产和出口的作用具有重要意义。第 2 章为文献综述，总结了与本书研究问题相关的四方面文献，包括人口年龄结构与国家出口贸易、异质性企业出口模型及生产率内生化的拓展、企业生产率的影响因素研究和家庭中子女数量—质量权衡理论（QQ 替代）。

　　第 3 章为理论研究。将反映教育决策的家庭最优支出模型与异质性企业生产模型相关联，本书构建了开放经济下异质性企业出口模型，这是静态模型。在同质性国家条件下，得到两个重要命题：一国企业人力资本越高，市场中存活企业平均生产率越高，该国企业出口竞争力越高（命题4）；一国越注重孩子数量，该国市场中存活企业的平均生产率和出口竞争力越低，一国越注重孩子教育，抚养孩子的时间成本越高，或女性工资相对男性工资越高，该国市场中存活企业的平均生产率和出口竞争力越高（命题5）。异质性国家条件下，模型无法推导出明确解，人力资本作用不明确，需要进一步通过实证检验和数值模拟验证两个命题。

第4章、第5章和第6章使用世界银行2005年中国企业投资环境调查数据进行实证检验，从员工素质和高管能力两方面衡量企业人力资本：员工教育和高管教育越高，员工素质和高管能力越强，企业人力资本水平越高。本书分别从企业生产率、出口参与和出口增长三方面探讨了员工教育（代表员工素质）和总经理教育（代表高管能力）的作用，发现：第一，总经理教育或员工教育提升都可促进我国企业全要素生产率增长，员工中大专及以上人数占比提高比高中及以上人数占比提高，对企业生产率的促进作用更大。第二，我国企业参与出口主要受总经理因素影响。总经理教育提升显著促进了企业出口倾向增加，这是一种因果关系，但员工教育不影响企业出口决策；总经理由政府任命降低了企业出口倾向，但总经理在企业中自主权越大，企业使用农民工比重越高，企业出口倾向越高。第三，低技能或低教育的劳动力使用有助于促进企业出口增长。低技术的农民工占比增加或员工中高中及以上人数占比增加，可显著促进我国企业出口增长。与刘志彪和张杰（2009）一致，本书发现员工中大专及以上人数占比增加对企业出口增长作用不显著。

无论以出口倾向还是出口增长衡量出口竞争力，本书检验都证实了命题4结论正确，即一国企业人力资本越高，市场中存活企业平均生产率越高且该国出口竞争力越高。另外，根据企业所有权性质不同进行的分样本检验发现：

（1）国有企业。虽然总经理教育提升或员工中大专及以上人数占比增加显著促进了国有企业生产率增长，但人力资本对国有企业出口参与及出口增长作用不显著；与杨振和李陈华（2013）相同，本书发现外资进入提高了我国国有企业生产率；外资占比提高也有助于促进国有企业出口参与及出口增长。企业规模增大或资本密集度提高同样有助于国有企业生产率及出口竞争力提高；总经理由政府任命的干预降低了国有企业出口倾向，增加总经理在生产、投资及人事方面的自主权可部分抵消政府干预的作用，促进国有企业出口倾向增加。

（2）民营企业。以总经理教育或员工教育衡量的人力资本可促进民营企业生产率增长，员工中大专及以上人数占比提高对企业生产率的促进作用更大。员工中大专及以上人数占比提高还可促进民营企业出口倾向增加，但该作用小于总经理教育提升对民营企业出口参与的促进作用；扩大规模有助于民营企业生产率及出口竞争力提高；政府任命对民营企业出口参与作用不显著，这一点与国有企业不同，但增加总经理自主权同样可促进企业出口倾向增加；总经理教育虽可提高民营企业出口倾向，但其作用发挥受到总经理工作年限、电子商务和外部融资约束干扰，放松外部融资约束虽促进了企业参与出口，但放松约束后支付利息增加限制了总经理教育对企业出口倾向的促进作用；农民工占比增加促进了民营企业出口增长，但这一促进作用随农民工增加而递减。另外交互项检验显示，企业成立时间越久，农民工占比增加对企业出口的正向作用越大，但企业资本密集度提高不利于农民工发挥作用。

（3）外资企业。外资企业人力资本和出口倾向在三类企业中最高，但高出口参与并非来自其人力资本优势，无出口的外资企业总经理教育和员工教育都明显高于出口外资企业，而且有出口的外资企业比无出口的外资企业临时工和农民工占比更高，从而说明外资企业进入我国主要是为利用我国廉价的劳动力等资源，加工或组装产品以再出口至其他国家。

第 7 章将第 3 章静态模型拓展为动态。动态模型和静态模型保持了相同建模思路，且主体结论相同，两者在本质上是统一的。使用数值模拟方法，本书发现降低微观家庭中对孩子数量的偏好，提高对孩子教育的偏好，延长抚养孩子的必要时间或提高女性相对工资，可提高一国市场中存活企业的平均生产率和出口竞争力，即命题5正确。另外，国家间统一增长不仅表现为生育率下降和经济快速发展，还表现为统一的人力资本提升、生产率提高和出口竞争力增强。初始人力资本水平低的落后国家可采用降低家庭中孩子数量偏好，提高孩子教育偏好，延长抚养孩子的必要时间或提高女性相对工资四种策略赶超发达国家。

第8章总结了理论研究和实证检验的结论，针对结论分析了政策含义，为改善我国劳动力教育结构以促进制造业企业生产和出口提出相应对策。

目　　录

第 1 章

绪　论

本书研究劳动力教育结构对我国制造业企业出口的作用，研究思路为：首先构建理论模型并推导两个待检命题，其次通过实证检验和数值模拟验证命题，最后总结全书以分析政策含义。本章为绪论，包括提出问题、研究思路及框架和本书创新点、难点归纳三部分。

1.1　提 出 问 题

1.1.1　研究背景

1978 年改革开放以来，我国实施了以出口为导向的发展战略，通过出口劳动密集型工业品带动经济增长，取得巨大成功，"中国制造"享誉全球。表 1.1 总结了 1980～2007 年我国主要年份的出口情况。由表 1.1 可知，1980 年我国货物贸易出口额为 181.19 亿美元，至 2007 年，货物贸易出口额增长至 12177.76 亿美元，是 1980 年的 67 倍。货物贸易出口中，工业制成品占比不断提高。改革开放初，我国工业制成品出口占货物出口额比重不足 50%，经过

20 年发展，该比重于 2001 年首超 90%，此后便稳定维持在 90% ~ 95% 高位。另外，工业制成品中，受发展战略影响，我国早期主要出口劳动密集型产品，1980 年占比高达 75.9%，2000 后随着结构调整，劳动密集型产品的出口比重缓慢下降，2007 年为 44.69%。

表 1.1　　　　　工业制成品出口占货物贸易出口额比重

年份	货物贸易出口额（亿美元）	工业制成品出口额（亿美元）	劳动密集型产品出口额（亿美元）	工业制成品占货物贸易出口额比重（%）	劳动密集型产品占工业制成品出口额比重（%）
1980	181.19	90.05	68.35	49.70	75.90
1985	273.50	135.22	79.79	49.44	59.01
1990	620.91	462.05	252.62	74.41	54.67
1995	1487.80	1272.95	867.88	85.56	68.18
2000	2492.03	2237.43	1288.24	89.78	57.58
2001	2660.98	2397.60	1309.23	90.10	54.61
2002	3255.96	2970.56	1541.08	91.23	51.88
2003	4382.28	4034.16	1951.06	92.06	48.36
2004	5933.26	5527.77	2570.44	93.17	46.50
2005	7619.53	7129.16	3233.04	93.56	45.35
2006	9689.36	9160.17	4128.3	94.54	45.07
2007	12177.76	11562.67	5167.22	94.95	44.69

注：联合国贸发会议（UNCTAD，2002）将 SITC 中第 61、65、82 ~ 85 及 894 章的工业制成品归为劳动密集型产品，主要包括纺织品、服装、箱包、鞋类、玩具、家具、塑料制品七大类。

资料来源：《中国统计年鉴》，劳动密集型产品出口额由海关历年出口商品分类金额表中"轻纺产品、橡胶制品、矿冶产品及其制品"和"杂项制品"两项相加而得。

姚洋和余淼杰（2009）认为，我国特有的人口特征（充裕的农村剩余劳动力、低人口抚养比和低城市化率）是导致我国选择出口导向战略并取得成功的内在原因。农村剩余劳动力的存在使我国工资长期保持较低水平，低人口抚养比和低城市化率使我国储蓄严重大于消费，且国内市场难以壮大，这种结构失衡最终只能通过将商品远销海外解决。姚洋和余淼杰（2009）同时指出，随着我国人口老龄化发展和人口红利消退，未来出口导向战略将面临极大挑战。

从外部环境看，2008 年金融危机后，全球经济复苏乏力。各国政府为保证本国就业，纷纷采取贸易保护主义措施，抑制了我国货物出口。后危机时代，我国货物贸易出口存在以下四方面特征。

第一，出口规模有所增长，但增速持续下滑。受 2008 年金融危机影响，2009 年我国货物出口同比增长 -16%，2009 年比 2008 年少出口 2290.8 亿美元。2010～2014 年，货物出口有所恢复，出口总额逐年增加，在 2014 年达到 23422.9 亿美元。受国际市场需求低迷、人民币升值和我国劳动力成本上升等因素影响，2010 年以来我国出口贸易增速持续下滑，由 2010 年 31.3% 降至 2014 年 6%，2015 年和 2016 年连续两年出现负增长，分别为 -2.9% 和 -7.7%（见图 1.1）。

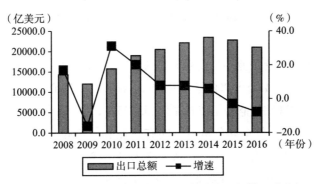

图 1.1　2008～2016 年我国货物贸易出口规模及增速

第二，工业制成品出口整体比重稳定，产品结构逐步升级。2008 年以来，我国工业制成品出口占出口总额比重始终保持在 95% 左右。工业制成品内部，以纺织品和服装为代表的劳动密集型产品出口占比逐渐下降，2007 年纺织品和服装出口占当年货物出口总额比重为 13.79%，2016 年降为 7.28%；与此同时，以高新技术产品为代表的技术及资本密集型产品出口占比则保持稳定并有所增长，2007 年高新技术产品出口占当年出口总额比重为 28.56%，2016 年上升为

28.77%。这表明我国出口的工业制成品内在结构有所升级。

第三，贸易方式优化，一般贸易占比显著提高。1996～2005 年我国出口中加工贸易占总出口额比重高达 57%。与此不同的是，2008 年以来，我国加工贸易占比逐年下降（见图 1.2），2008 年该占比为 47.19%，至 2016 年已下降至 34.11%，一般贸易出口占比于 2011 年首次超过加工贸易，为 48.31%，到 2016 年，采用一般贸易的出口占比上升至 53.91%。

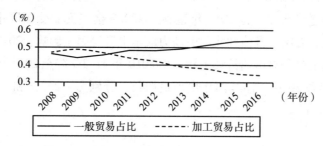

图 1.2　2008～2016 年我国出口的贸易方式比较

第四，民营企业出口份额持续上升。国有企业、外商投资企业和民营企业是我国出口的三大主体，2008 年，国有企业出口占比 18%，外商投资企业出口占比 55.25%，民营企业出口占比 26.75%。2008 年金融危机后，国有企业和外商投资企业出口占比持续下降，2016 年分别降至 10.28% 和 43.7%，而民营企业出口份额上涨至 43.6%。民营企业于 2015 年首次超过外商投资企业，成为我国货物出口最大经营主体，占当年出口额 45.18%（外商投资企业占 44.16%），虽然 2016 年民营企业出口额略低于外商投资企业，但 2017 年 1～9 月，民营企业出口额占比 46.85%，再次超过外商投资企业（42.85%）。

货物贸易出口的特征表明，后危机时代"中国制造"在出口中面临严峻的内忧外患。首先，劳动人口减少和用工成本迅速上升是制约我国出口的内在因素，随着人民币升值，中国制造的低成本优势消退殆尽；另外，华北地区严重雾霾表明我国生态环境也难以支持以"高污染、高耗能"为特征的"中国制造"。其次，越南、印度等发展中国家凭借劳动力及土地等低成本优势，"承接"了我国中低端产业中劳动密集型产品制造，成为我国出口中的有力竞争者。最后，发达国家经济复苏乏力，需求普遍不足，林毅夫（2016）指出全球贸易进入了增速明显放缓的"新常态"。以美国为代表的发达国家，一是将原离岸代工生产调回本国在岸生产，收缩了现有产业链；二是出台国家发展战略①，推动本国"先进制造业"振兴以主导高端产品出口；三是挑起贸易摩擦，使用"反倾销、反补贴"的双反调查抑制我国高科技产品出口。

为应对全球范围内产业调整，促进我国高科技产品的制造和出口，国务院于 2015 年提出"中国制造 2025"发展战略，指导我国从制造业大国转向"制造业强国"转变，提升自主研发能力，生产高技术含量产品，使其成为我国出口的新旗帜。"中国制造 2025"中特别强调了以人为本，认为人才是我国实现制造强国的根本："坚持把人才作为建设制造强国的根本，建立健全科学合理的选人、用人、育人机制，加快培养制造业发展急需的专业技术人才、经营管理人才、技能人才。营造大众创业、万众创新的氛围，建设一支素质优良、结构合理的制造业人才队伍，走人才引领的发展道路。"随着我国人口红利消退，从依靠人口数量转向人口质量，"中国制造 2025"为我国出口贸易持续发展提出了一条可行之路。

1.1.2　我国制造业劳动力的结构特征

振兴中国出口需依靠制造业发展，而制造业发展依赖于制造业人才。人才在这里，不仅是狭义上的技术人员，还包括普通的一线操作员工及企业的经营管理者，整个制造业的劳动力都是我国需要

---

① 美国 2010 年启动"再工业化"战略以推动制造业回流；英国 2011 年提出"英国工业 2050"战略；德国 2013 年出台"工业 4.0"战略；法国 2013 年推出"新工业法国"战略 I，并于 2015 年将其升级为"新工业法国"战略 II；日本 2013 年出台了"制造业再兴战略"。

依赖的人才。截至 2015 年底，我国制造业从业人数达到 10304.9 万人，其中私营和个体单位从业人员最多，为 5236.2 万人，其次是其他单位（以有限责任公司和股份有限公司为主），为 4813.6 万人，国有单位 180.8 万人，最后是城镇集体单位 74.4 万人，可以看出，我国制造业从业者超过 9 成集中在非国有/集体单位中。

图 1.3 总结了 1989 年①以来我国制造业从业人数的变动，总体来看，该曲线呈两阶段增长。我国 1989 年制造业从业人员共有 5647.4 万人，从 1989～1997 年的 9 年间，制造业人数缓慢增加了约 1000 万，1997 年为 6601.5 万人，这是第一阶段增长。1998 年制造业人数比 1997 年减少了约 1000 万，制造业在一年间又退回到 1989 年前的水平，这一是由于 1998 年东南亚金融危机对我国冲击严重；二是由于 1998 年国家更改了各行业从业人员统计口径，由最初全口径统计改为仅统计在岗职工数。2002～2014 年是制造业增长的第二阶段，从业人员从 5042.4 万人翻倍增加至 10317.4 万人。我国 2001 年底加入 WTO，在国际市场旺盛需求带动下，制造业呈井喷式发展，正是在这段时间"中国制造"享誉全球。2015 年由于出口额下滑，我国制造业人数也随之较 2014 年减少了约 10 万人（2015 年制造业从业人数 10304.9 万人）。

（万人）

图 1.3　1989～2015 年制造业年底从业人数

---

① 1988 年及以前，《中国统计年鉴》汇总的是我国工业领域的从业人数，并未单独报告制造业人数。

劳动力结构决定了我国的比较优势，它是支持"中国制造"出口成功的根本，也是决定未来"中国制造2025"战略能否成功的关键。我国制造业中劳动力主要呈现以下四方面结构特征。

1. 地域分布结构

表1.2比较了2000年和2010年①我国各省份制造业劳动力的分布。可以看出，制造业人才主要集中于我国东部沿海地区，2000年，总从业人员57.38%集中于东部，2010年该占比上升至67.23%。东部地区中，2000年，山东从业人数最多，为452.1万人，河北次之，为448.8万人；至2010年，江苏发展为东部地区制造业规模最大省份，有1202.63万从业人员，浙江次之，有989.89万从业人员。

表1.2　制造业从业人员的地域分布（2000年和2010年）　单位：万人

省份	2000年	2010年	省份	2000年	2010年	省份	2000年	2010年
北京	96.2	146.5	山西	115.6	117.02	重庆	90.5	112.29
天津	96.1	116.23	内蒙古	84.3	68.14	四川	191.0	260.45
河北	448.8	268.57	吉林	106.9	101.68	贵州	61.0	60.58
辽宁	278.3	294.68	黑龙江	168.7	118.75	云南	79.6	124.88
上海	168.8	273.23	安徽	176.1	176.63	西藏	1.2	2.91
江苏	435.9	1202.63	江西	120.1	233.52	陕西	143.9	147.60
浙江	410.4	989.89	河南	264.7	311.86	甘肃	66.0	56.89
福建	172.8	359.80	湖北	209.4	253.80	青海	13.3	20.81
山东	452.1	686.44	湖南	157.4	186.98	宁夏	19.1	21.81
广东	398.0	896.57	广西	91.6	129.71	新疆	44.0	52.51
海南	10.4	13.96						
东部合计	2967.8	5248.5	中部合计	1494.8	1698.09	西部合计	709.6	860.73

资料来源：《中国统计年鉴（2000年和2010年）》，经笔者整理。

---

① 2000年第五次全国人口普查，2010年第六次全国人口普查。

我国中部地区制造业规模虽然不如东部沿海地区，但明显高于西部内陆地区。无论2000年还是2010年，中、西部制造业从业人员之比始终保持在约2∶1。我国西部地区制造业发展严重落后且分布不均，2010年四川有从业人员260.45万人，其次是陕西147.6万人，但西藏仅有2.91万从业人员。

2. 学历结构

如表1.3所示，无论在2000年还是2010年，我国制造业人员学历普遍偏低，以初中水平为主，占比超过50%，这显然不足以支撑起制造业企业自主研发和产品转型升级。表1.3显示从2000年到2010年，我国制造业从业人员学历结构呈现出两个特点：第一，与2000年相比，2010年制造业从业者中小学及以下人数占比下降了近4个百分点，高中人数占比同样下降了约3个百分点；第二，虽然大学本专科和研究生人数有明显增长，但其所占比重仍然偏低，2010年高学历人才占比不足10%。

表1.3　　制造业从业人员的学历结构（2000年和2010年）　　单位：%

文化程度	2000年	2010年	文化程度	2000年	2010年
未上过学	1.42	0.75	大学专科	4.18	6.43
小学	16.44	13.12	大学本科	1.56	3.10
初中	53.56	56.26	研究生	0.07	0.29
高中	22.78	20.06			

资料来源：《中国劳动统计年鉴（2001年和2011年）》，经笔者整理。

3. 年龄结构

如表1.4所示，从年龄来看，我国制造业从业者年龄普遍偏低，2000年时，40岁以下从业者约占75%，2010年该占比下降至66%。年轻劳动力是我国人口红利的直接体现，40岁以下从业者占比下降反映出我国人口红利不具有持续性，随着原有从业者老去，新进入的年轻劳动力明显不足，因此制造业从业者平均年龄上升。

表 1.4　　　制造业从业人员的年龄结构（**2000 年和 2010 年**）　单位：%

年龄分布	2000 年	2010 年	年龄分布	2000 年	2010 年
15～19 岁	9.50	5.52	45～49 岁	8.44	9.89
20～24 岁	16.16	17.36	50～54 岁	4.15	4.82
25～29 岁	17.71	14.84	55～59 岁	1.67	3.15
30～34 岁	16.88	13.43	60～64 岁	0.70	1.05
35～39 岁	14.13	15.13	65 岁及以上	0.50	0.59
40～44 岁	10.18	14.24			

资料来源：《中国劳动统计年鉴（2001 年和 2011 年)》，经笔者整理。

4. 从业单位构成

1989～2000 年，我国制造业人才主要集中在国有单位及城镇集体单位中，虽然私营和个体单位及其他单位从业人数有所增长，但并未超过前者。1998 年，我国开启了"抓大放小"的国企改革，清理了以纺织业为代表的过剩产能，关闭破产企业，通过下岗分流过剩人员实现减员增效。1998 年，针对我国国有工业企业的改革是成功的，但也造成其从业人员，特别是制造业从业人员锐减（见图 1.4）。分流出的过剩人员进入制造业私营和个体单位及其他（股份制等）单位，并使其在 2002 年后超过国有单位和城镇集体单位，成为我国制造业主要从业单位。2002 年后，随着我国加入WTO，私营和个体单位迅猛发展，成为我国吸纳制造业劳动力的第一类型企业，2015 年共有 5236.2 万人就职于私营和个体单位，超过总从业人数的 50%，与之对比的是，2015 年仅有 180.8 万人和74.4 万人就职于国有单位和城镇集体单位。

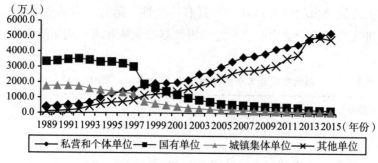

图 1.4　1989～2015 年分单位制造业从业人数

1.1.3　研究意义

2008 年以来我国货物出口面临严峻的国内约束和国外挑战，为重振我国出口，需依靠制造业转型升级，推动高技术含量工业品出口，为"中国制造"赋予新内涵。为此，国务院 2015 年出台了"中国制造 2025"发展战略，强调以人为本，把人才作为我国建设制造业强国的根本。对制造业人才的系统性分析可知，虽然我国制造业从业人员高达到 10304.9 万人（2015 年），但其学历普遍偏低，且从业者老龄化趋势显著。另外我国制造业从业者地域分布不均，东部优势显著，中西部发展缓慢。

现有劳动力教育结构如何影响制造业企业生产及其出口活动？应如何改善劳动力教育结构以实现我国制造业强国目标？本书就此问题展开研究，具体来说，本书的研究问题可分为以下两方面。

第一，劳动力教育水平能否影响制造业企业生产和出口？是影响出口决策还是影响出口额？应怎样正确识别劳动力教育对企业的作用？

第二，在以家庭为纽带的教育决策中，有哪些因素影响了后代子女的教育选择？我国应实行怎样的政策以提高劳动力教育水平，促进制造业企业出口？

本书的研究具有重要的理论意义和实践意义。

（1）理论意义。学术界早已肯定人口结构对一国出口贸易的影响（Higgins，1998），但已有研究多将反映人口变迁的世代交叠模型（Overlapping Generation Model，OLG），通过储蓄和投资，与一国经常账户贸易差额相关联（Ferrero，2005；Domeij & Floden，2006；李晴，2009；汪伟，2012），以讨论人口年龄结构的作用。部分学者将 OLG 模型与要素禀赋理论的 HO 模型相关联，探讨了人口年龄结构对资本和劳动要素及一国出口贸易结构（资本密集型商品和劳动密集型商品）的影响（Sayan，2005；Naito & Zhao，2009；Yakita，2012；王有鑫，2014）。

不同于以往国家层面的宏观研究，本书将使用家庭最优支出模型与异质性企业出口模型（Melitz，2003）相关联，探讨劳动力教育结构对微观企业生产及出口的作用，这是一种新的研究视角。以异质性企业出口模型（Melitz，2003）为代表的新新贸易理论，主要研究异质性生产率对企业出口活动的影响，已有文献指出研发活动（Aw et al.，2011；戴觅和余淼杰，2011）、信贷约束（Manova，2012；孙灵燕和李荣林，2011）及对外政策的调整（Busto，2011；毛其淋和盛斌，2014），可通过生产率变动影响企业出口。本书发现劳动力教育，包括高管教育和员工教育，是影响企业生产率及出口的又一因素，该发现具有重要的理论意义。

（2）实践意义。本书研究劳动力教育结构对企业出口活动的作用，本研究不仅能从微观企业层面总结我国过去出口贸易的成功经验，还可指导我国制造业企业面向未来，通过合理配置、使用劳动力，实现"中国制造2025"。另外，本书将使用生育率作为员工教育的工具变量，这不仅有助于识别员工教育的作用，还有助于识别影响生育率的因素。为改善日趋老龄化的人口结构，国家于2015年出台了"全面二孩"政策，但全国米看，群众的生育意愿并不强烈。分析影响家庭生育决策的因素以出台有针对性的配套政策，可降低家庭顾忌，营造有利于提高生育率的环境机制，本书研究具有重要的实践意义。

1.2　研究思路和研究框架

1.2.1　研究思路

　　本书将研究劳动力教育结构对我国制造业企业出口的作用，在总结已有研究成果基础上，本书将首先构建静态理论模型，然后使用世界银行 2005 年中国企业投资环境调查数据进行实证检验（证实命题 4），随后本书将拓展原静态模型为动态模型并进行数值模拟（证实命题 5），最后总结全书以给出政策建议。

　　由于世界银行 2005 年的中国投资环境调查为截面数据，实证中要注意处理内生性问题，选择合适的工具变量必不可少。对于员工教育，本书将使用生育率作为工具变量，而对于企业高管的教育水平，本书将使用同城市同行业高管教育的均值作为企业高管教育的工具变量。另外，本书将使用分组检验和交互项等方式，考察劳动力教育结构对企业出口的作用渠道和方式。

1.2.2　研究框架

　　根据以上研究思路，如图 1.5 所示，本书共设置了如下 8 章研究内容。

　　第 1 章为绪论，介绍本书研究背景和意义、研究思路和框架结构、创新点、难点以及不足。在总结我国出口贸易发展历程及现状特征后，本书归纳了我国制造业劳动力结构特征，说明劳动力结构决定了我国比较优势和出口发展：我国过去出口成功依赖于劳动力数量优势，未来要实现"中国制造 2025"，促进高新技术产品出口，要依靠劳动力教育。因此从企业层面研究劳动力教育结构对企业生产和出口的作用具有重要意义。

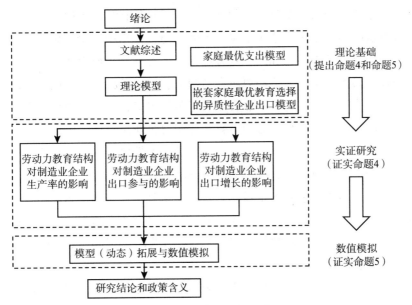

图 1.5　本书的研究框架

　　第 2 章为文献综述。综述分为四部分，第一部分总结了人口年龄结构对一国经常账户及出口贸易结构影响的相关文献，指出已有研究的不足。第二部分介绍了异质性企业出口模型（Melitz，2003）及其动态化方向的拓展。第三部分总结了企业异质性生产率的影响因素，说明劳动力结构是其重要影响因素。第四部分说明出口贸易对一国劳动力结构具有反作用，特别是劳动力教育；家庭中子女数量及其质量的权衡替代使本书可使用生育率作为员工教育的工具变量。

　　第 3 章为本书静态理论模型。在梅里兹（Melitz，2003）基础上，本书将借鉴普雷特那和斯特鲁里克（Prettner and Strulik，2013）的方法，将包含教育决策的家庭最优支出模型与异质性企业生产模型相关联，提出核心假设和有待验证的命题。本书认为企业人力资本决定了其生产率分布的形状，人力资本越高，企业越有可能抽取到高水平的生产率；企业人力资本可以用劳动力教育水平衡量，包括员工教育和高管教育两部分，其中员工教育与地区生育率负相关。

第 4 章到第 6 章是基于世界银行 2005 年中国企业投资环境调查数据的实证分析。第 4 章研究了劳动力教育结构对企业生产率的影响，发现员工教育和高管教育提升，都可促进企业全要素生产率增长。第 5 章研究了劳动力教育结构对企业出口参与的影响，发现高管教育提升可促进制造业企业更多参与出口，但员工教育没有这个作用。第 6 章研究了劳动力教育结构对企业出口增长的影响，针对有出口行为的企业，发现其出口额受员工教育及农民工使用等因素影响，高管教育不影响企业出口额增长。

本书第 7 章重回理论模型，将第 3 章静态模型拓展为动态，探讨了国家间子女数量偏好或教育偏好对一国生产率和国际竞争力的长期影响。本章采用数值模拟说明有四种策略可帮助初始禀赋落后国家赶超发达国家。

第 8 章是研究结论和政策含义。在总结理论模型及实证检验主要结论后，本章分析了结论的政策含义，为改善我国劳动力教育结构以促进制造业企业出口提出相应对策。

1.3 本书的创新、研究难点及不足

1.3.1 本书的创新

本书在已有研究基础上，通过将家庭最优支出模型嵌入异质性企业出口模型，从理论上探讨了家庭教育决策、企业人力资本对企业异质性生产和出口的作用，并使用世界银行 2005 年中国企业投资环境调查数据检验了劳动力教育结构对企业的影响。本书的创新包括理论和实证两方面。

1. 理论方面

第一，新的研究视角。已有研究肯定了人口结构对一国出口贸易的影响，但少有从企业层面的研究。以希金斯（Higgins）为代表的多数学者使用世代交叠模型（OLG），从总量层面研究了人口老龄化对一国储蓄、投资及进口的影响，由于出口减少而进口增加，人口老龄化将不利于一国净出口和国际收支。自萨扬（Sayan，2005）以来，部分学者将 OLG 模型与要素禀赋理论的 HO 模型相关联，探讨人口老龄化通过使一国劳动要素变得相对稀缺（资本要素相对充裕）改变该国比较优势，使出口由劳动密集型产品向资本密集型商品转移。与已有研究不同，本书尝试将家庭最优支出模型与异质性企业出口模型（Melitz，2003）相关联，探讨生育率改变劳动力教育结构，进而影响一国企业出口，这是一种全新的研究视角。

国际贸易理论的发展可分为传统贸易理论、新贸易理论和新新贸易理论三阶段。要素禀赋理论及其 HO 模型为传统贸易理论的范畴，而异质性企业出口属于新新贸易理论，是现代贸易理论的前沿。本书将家庭最优支出模型嵌入新新贸易理论的框架，丰富了前沿研究内容。

第二，构建的理论模型更接近现实。普雷特那和斯特鲁里克（Prettner and Strulik，2013）首次将家庭最优支出模型嵌入异质性企业出口模型，探讨了高管教育与企业出口，本书将借鉴其嵌入方式。但与之不同的是，本书认为以劳动力教育水平衡量企业人力资本时，应区分高管教育（及其才能）与员工教育的不同，不应该只关注高管而忽略员工教育对企业生产率的作用。而且，高管能力卓越，可实现跨地区流动，不适合使用企业所在地生育率为其工具变量，地区生育率与员工教育负相关性更强。本书与普雷特那和斯特鲁里克（2013）不同的另一点在于，本书的代表性家庭中假设有父亲和母亲，两者在养育后代子女时分工不同，抚养孩子只占用母亲的工作时间而不影响父亲工作。受儒家文化影响，我国奉行"男主外，女主内"，女性是家庭中最主要的家务操持者和照料提供者（郭凯明等，2016；汤梦君，2013；涂肇庆，2006），因此这一假设更符合中国现实，但在普雷特那和斯特鲁里克（2013）模型，代表性家庭只有一位性别不明的家长。

2. 实证方面

本书采用世界银行微观企业调查数据进行实证检验。基于世界银行 2005 年投资环境调查的检验发现，员工教育和高管教育提升都可促进企业全要素生产率增长；高管教育提升可促进制造业企业更多参与出口，但员工教育没有这个作用；对于有出口行为的企业，其出口额受员工教育及农民工使用等因素影响，高管教育不影响企业出口额增长。实证中本书主要使用了交叉项及分组检验的方法，分析企业劳动力教育结构的作用。本书发现虽然总经理教育水平提升有助于企业参与国际市场，但存在外部融资约束将限制总经理的作用；使用农民工可增加企业出口额，随企业资本劳动比上升（即资本密集度增加），农民工作用显著降低。

1.3.2　研究难点

第一，理论难点。第 7 章将静态模型拓展为动态模型是理论难点，但这种拓展是为证明命题 5 "一国越偏好子女数量越不利于其出口竞争力""一国偏好子女教育可提高其出口竞争力"所必须的。以生育率作为员工教育工具变量的实证检验，仅说明了本书的假设"企业人力资本提升可促进生产率提高和出口增加"正确，无法直接验证命题 5，拓展为动态模型后通过数值模拟，证明命题 5 成立。

第二，实证难点。内生性的处理是实证难点之一，员工或总经理教育水平越高，或农民工占比越高，越有利于企业出口，但也存在反向作用，即企业出口越多，越主动使用高教育水平劳动力或主动增加农民工占比。应使用合理的工具变量解决内生性问题，本书使用生育率作为员工教育的工具变量。对于总经理教育或农民工占比，本书借鉴了余林徽等（2013）的思路，使用各城市每个行业中该变量的平均值作为工具变量。

1.3.3　不足之处

本书关注劳动力教育结构对我国制造业企业出口的影响，受世界银行调查内容约束，仅以"企业高中及以上人数占比（EDU_1）"和"企业大专及以上人数占比（EDU_2）"衡量了企业员工教育，以序数排列方法衡量了总经理教育（GMedu）。更细致的研究可从将劳动力按工作岗位区分（如生产、辅助生产、销售及技术），探讨不同岗位劳动力教育对企业出口的影响。另外，本书使用的为截面数据，仅有 2004 年企业出口情况，缺少之前年份企业出口情况，导致贸易实证中常用的面板方法在本书无法适用。

第 2 章

文 献 综 述

劳动力是具有劳动能力的人口，它是人口总体的一个子集，国外将人口总体中 15 ~ 64 岁人口定义为劳动年龄人口，我国则将 15 ~ 59 岁人口定义为劳动年龄人口。广义上劳动年龄人口即为劳动力，狭义上劳动年龄人口中扣除自愿失业者（如在家照顾子女的全职妻子）为劳动力。劳动力结构是将劳动力以不同标准划分而得的一种结果，既包括教育结构、技术结构和年龄结构，又包括劳动力在不同地域、不同类型企业间的分布，劳动力结构是人口结构的重要组成部分。

本书研究劳动力的教育结构。劳动力教育构成企业人力资本，影响企业生产率及其出口活动。本书研究主要涉及四个领域的文献，包括人口年龄结构与国家出口贸易、异质性企业出口模型及生产率内生化的拓展、企业生产率的影响因素研究和家庭中子女数量—质量权衡理论（QQ 替代）。

2.1　人口年龄结构与国家出口贸易

在人口结构与国家出口贸易领域，已有研究多集中于人口年龄结构，认为年龄结构改变，特别是人口老龄化，将恶化一国经常账户（净出口下降），或通过改变相对要素禀赋（劳动要素相对稀缺而资本要素相对充裕）使该国出口向资本密集型商品转移。

2.1.1 人口年龄结构对经常账户的影响

戴蒙德（Diamond，1965）在个人生命周期行为的假设下，提出了世代交叠模型（Overlapping Generation Model，OLG），为研究人口红利、人口年龄结构对经常账户的影响等问题提供了理论基础。希金斯（Higgins，1998）在新古典增长模型中加入代际交叠的人口，建立动态模型，使用100多个国家的面板数据，对一国人口年龄分布和储蓄率、投资率之间的关系进行检验。希金斯认为，儿童抚养比与老年抚养比的上升将导致较低的居民储蓄率，从而导致贸易逆差。弗雷罗（Ferrero，2005）以美国为例，研究了人口老龄化与经常账户的关系，认为人口老龄化将降低经常账户余额，从而支持了希金斯（1998）的观点。布鲁克斯（Brooks，2003）、多梅杰和弗洛登（Domeij and Floden，2006）等通过各自研究，肯定了人口老龄化对经常账户余额有负向作用。

馥奇和马雷特（Fougere and Merette，1998）通过小国开放经济的 OLG 模型得到不同的观点，他们认为老龄化速度较快的国家，国内投资减少比储蓄减少的更多，因此，该国将出现贸易顺差并改善经常账户。卡连等（Callen et al.，2006）认为在大多数工业化国家，存在人口老龄化改善经常账户的情况。

国内学者研究了我国人口年龄结构对贸易顺差的影响。王仁言（2003）借鉴了希金斯的思路，指出中国贸易持续顺差是因为人口赡养率下降，国民储蓄增加和需求不振，不是人民币被低估的结果。李晴（2009）从世界和中国两个层面研究了人口老龄化对贸易收支的影响，世界层面使用了二元选择模型分析了老龄化程度对双边贸易收支的影响，中国层面使用我国与发达国家的贸易收支进行相关分析，发现相对发展中国家，发达国家贸易收支更容易受人口老龄化的影响而恶化。汪伟（2012）构建了开放经济下三期世代交叠模型，发现少儿抚养系数下降引起储蓄率相对于投资率上升，从而带来经常账户盈余，人口老龄化则降低储蓄率并对经常账户余额产生负向作用，使用我国 1993～2009 年省级面板数据检验并证实了这一结论，并发现人口结构变化能够解释中国经常账户余额变化的近 45%。蔡兴和刘子兰（2013）以人口因素为切入点，研究了东亚地区 10 个经济体持续的贸易顺差现象，发现抚养比率对贸易差额存在显著的负向影响，预期寿命延长将增加贸易差额，"男多女少"的性别比率上升也将增加贸易差额。蔡兴和刘子兰（2013）是少有的从人口性别结构解释贸易差额的文章，魏和张（Wei and Zhang, 2015）发现我国"男多女少"的性别结构导致男孩家庭的竞争性储蓄，可解释 1990～2007 年家庭储蓄率实际增长的一半，但并未探讨与我国贸易顺差的关系。

2.1.2 人口年龄结构对出口贸易结构的影响

目前国外学者对人口年龄结构改变要素禀赋、影响出口贸易结构的研究，多集中于理论方面。萨扬（Sayan, 2005）首先在 OLG 模型框架下，考虑封闭经济中完全相同的两国存在人口出生率差异，出生率低的国家变得资本相对丰裕，出生率高的国家变得劳动力相对充裕；人口出生率高的国家劳动密集型商品相对价格降低，因此提高了劳动密集型商品的出口比较优势，为开展歇尔 - 俄林（Heckscher - Ohlin, HO）意义上的贸易打下基础。内藤和赵（Naito and Zhao, 2009）在标准的 2 个国家，2 种商品和 2 种生产要素条件下（静态 HO 条件），考虑 2 阶段跨期迭代（OLG 模型），发现在自由贸易的稳态时，人口老龄化国家出口资本密集型商品，而相对年轻的国家决定世界商品价格。萨扬（2005）认为从封闭转向贸易开放，会使一国受损而另一国得益，内藤和赵（2009）则认为若没有补偿，从封闭转向贸易开放并非帕累托改进，但存在一种补偿机制使贸易开放后两国都得益，即存在帕累托改进。雅基塔（Yakita, 2012）同样使用 OLG + HO 模型，以预期寿命延长衡量人口老龄化，并在模型中考虑内生生育率和人力资本投资，他发现老龄化国家未必成为资本密集型商品出口国，消费变动后商品相对价格的变化（由正向的雷布津斯基效应和负向的消费—储蓄效应共同决定），是一国由封闭转向开放后决定贸易模式的关键。当老龄化社会中劳动人口减少消费劳动密集型商品，其将成为资本密集型商品的进口国。

国内学者的研究中，王有鑫（2014）借鉴内藤和赵（2009）的思路，将人口出生率和人均预期寿命引入模型，在 OLG + HO 的框架下探讨了不同人口老龄化成因对出口比较优势的差别影响，利用跨国和中国数据进行经验研究，发现一国人口老龄化会提高劳动密集型商品的相对价格，促使该国出口向资本密集型商品转移。王有鑫在其一系列论文（王有鑫和赵雅婧，2013a，2013b，2015，2016a，2016b；王有鑫，2014）中，分别以资本密集型商品出口的比重、制造业分行业的出口比重、出口比较优势指标、出口商品的品质为被解释变量，以人口年龄结构指标（老年抚养比、少年抚养比等）为核心解释变量，检验了人口年龄结构对出口贸易结构的影响，发现人口少子化和老龄化程度高的国家在资本密集型商品上具有比较优势，有利于出口结构的调整。王有鑫和赵雅婧（2013a）是仅有的一篇以劳动力年龄分布解释行业出口贸易的文章，发现 16 ~ 29 岁和 30 ~ 44 岁劳动力分布比重与行业出口正相关，45 ~ 64 岁劳动力与行业出口负相关。总结王有鑫研究，可发现其集中检验了人口年龄结构对出口贸易结构的作用，但并未检验对双边贸易流量的影响，也未考虑人口性别结构、教育结构等因素对出口贸易的影响。

国内学者中，田巍等（2011，2013）开创性地使用结构引力模型，推导了一个含有劳动人口比的引力方程，这是研究人口年龄结构与出口贸易的另一思路。田巍等（2011，2013）利用 176 个国家从 1970 年到 2006 年大样本面板数据的实证检验支持了模型的预测：贸易国的劳动人口比例上升会增加双边贸易流。出口国（进口国）平均劳动人口比上升 1%，出口（进口）会上升至少 3%（2%）。翟士军和黄汉民（2015）同样利用结构引力模型，证实了人口红利对加工贸易出口额具有显著的正效应。以上两篇文献仅关注了人口年龄结构对贸易规模的影响，对贸易结构的讨论并不深入，另外和OLG + HO 的框架相比，引力方程为静态模型，没考虑跨期变动将是影响其估计结果的一个因素。

2.1.3　小结

总结国内外已有文献（见表2.1）可发现，无论是早期的 OLG 模型研究人口结构对经常账户的影响，还是现代的 OLG + HO 框架研究人口结构对出口贸易结构的影响，抑或结构引力模型的使用，都集中于探讨年龄结构，主要是老龄化或劳动人口比对国家间贸易的作用，缺少关于劳动力教育结构作用的研究。

表 2.1　　　　　　　人口年龄结构与国家出口贸易

建模思路	研究内容	代表文献
OLG 模型	经常账户（净出口）	希金斯（Higgins, 1998）；弗雷罗（Ferrero, 2005）；汪伟（2012）
OLG + HO 模型	出口贸易结构	萨扬（Sayan, 2005）；内藤和赵（Naito and Zhao, 2009）；王有鑫（2014）
结构引力模型	贸易流量	田巍等（2011，2013）；翟士军和黄汉民（2015）

国家间为什么可开展贸易（或封闭经济中国家间相对商品价格差异由何而来），是国际贸易理论素来要解决的问题，根据该问题的不同回答可将贸易理论分为传统贸易理论、新贸易理论和新新贸易理论。早期的传统贸易理论认为国家间贸易来自生产率的差异（李嘉图相对优势理论）或要素禀赋的差异（HO 理论）[①]，传统贸

---

　　① 李嘉图理论假设生产中只需要劳动一种要素，各国的劳动生产率存在差异因此可开展贸易；赫克歇尔 – 俄林的 HO 理论假设生产需要资本和劳动两种要素，各国生产的技术水平相同但相对要素禀赋不同，因此，生产的产品价格不同，这构成了国家间贸易的基础。

易理论解释了发达国家与发展中国家之间的贸易，但无法回答发达国家与发达国家间的产业内贸易，也无法说明国家间劳动生产率差异的来源。以克鲁格曼（Krugman，1980）为代表的新贸易理论认为，企业生产规模收益递增是开展产业内贸易的基础，但新贸易理论认为企业是同质的。基于企业层面的数据发现，新贸易理论对企业同质的假设不成立，企业异质性表现在其规模、生产率等各方面，且一国内只有少数大企业参与出口。梅里兹（Melitz，2003）为代表的新新贸易理论从异质性生产率的角度解释了大多数企业零出口的事实。

总结国际贸易理论的发展可知，现代贸易理论的研究前沿是企业出口。但现有人口年龄结构与出口贸易的研究仅局限于将人口年龄结构与传统贸易理论融合，回答了人口老龄化对产业间贸易的影响①，却无法回答其对企业出口活动的影响。这需要寻找新的建模思路，将反映人口结构变迁的家庭最优支出模型嵌入异质性企业出口模型（Melitz，2003）。

2.2　异质性企业出口模型及生产率内生化的拓展

2.2.1　异质性企业出口模型（Melitz，2003）

在克鲁格曼（1980）关于垄断竞争市场和企业生产规模收益递增两个基本假设基础上，梅里兹（2003）加入企业抽取异质性生产率和出口时需要固定成本两个核心假设，开创了不同于以往的新新贸易理论。

（1）偏好和市场需求。梅里兹假设一国有 j 个行业，行业间的总效用 U 为 Cobb – Douglas 偏好，$U = \sum_{j} \beta_j \log Q_j$，其中 $\sum_{j=0}^{J} \beta_j = 1$，

---

① 使用结构引力模型可分析人力年龄结构改变对产业内贸易的影响。

$\beta_j \geqslant 0$。行业 $j=0$ 生产同质性商品，企业规模收益不变且产品市场完全竞争，因此该商品为基准商品。行业 $j \geqslant 1$ 生产异质性商品，行业内的各产品间为 CES 偏好，$Q_j = \left[\int_{\omega \in \Omega_j} q_j(\omega)^{(\sigma-1)/\sigma} \mathrm{d}\omega \right]^{\sigma/(\sigma-1)}$，其中 $\sigma > 1$ 为产品间替代弹性。

假设 Y 为国家总收入，则消费者对行业 j 商品的总支出为 $X_j = \beta_j Y$，假设行业 j 内每个企业生产一种差异化产品 ω，则企业的需求为 $q_j(\omega) = A_j p_j(\omega)^{-\sigma}$，其中 $A_j = X_j P_j^{\sigma-1}$，而行业 j 内产品间价格指数 $P_j = \left[\int_{\omega \in \Omega_j} p(\omega)^{1-\sigma} \mathrm{d}\omega \right]^{1/(1-\sigma)}$。

（2）企业的生产。假设企业的生产只需要单一投入要素 L_j，要素的单位成本为 w_j，企业生产中所有生产成本（制造费用、进入成本及出口成本等）均以该要素 L_j 衡量。假设企业生产 q_j 单位产品的总要素投入为 $l_j = f_j + \dfrac{q_j}{\varphi}$，其中 $f_j > 0$ 代表企业的固定成本，φ 为企业的异质性生产率，企业在一个 Pareto 分布中随机抽取获得 φ。因此，企业生产 q_j 单位产品的总成本为 $w_j l_j$，边际成本 $MC_j(\varphi) = w_j / \varphi$。

为简化分析行业 j 内企业的均衡生产，省略下标 j。由于每个企业面临相同的需求弹性 σ，故垄断竞争市场中企业的产品价格为 $p(\varphi) = \left(\dfrac{\sigma}{\sigma-1} \right) \dfrac{w}{\varphi}$，企业的销售收入 r 和利润 π 分别为：

$$r(\varphi) = A p(\varphi)^{1-\sigma} = A \left(\frac{\sigma-1}{\sigma} \right)^{\sigma-1} w^{1-\sigma} \varphi^{\sigma-1}$$

$$\pi(\varphi) = \frac{r(\varphi)}{\sigma} - wf = B \varphi^{\sigma-1} - wf$$

其中，$B = \dfrac{(\sigma-1)^{\sigma-1}}{\sigma^\sigma} w^{1-\sigma} A$。在 CES 偏好的假设下，市场中任意两个企业的收入之比仅受其相对生产率和该行业替代弹性 σ 的影响：$r(\varphi_1)/r(\varphi_2) = (\varphi_1/\varphi_2)^{\sigma-1}$。也正是由于 CES 偏好的假设，实证中基于收入计算的生产率，如劳动生产率 r/l，是企业实际抽取

的生产率 φ 的单调函数，可准确反映 φ 的变动[①]。梅里兹和莱丁（Melitz and Redding，2014）指出，若放松 CES 偏好的假设，劳动生产率的变动，除 φ 外，还可受到企业内生加成率（markup）的影响。

梅里兹和莱丁（2014）指出，在梅里兹（2003）的模型中仅设定生产率 φ 外生随机抽取获得，是为了求解模型方便，但实际生产率 φ 受企业技术、管理方式、企业组织及产品质量等多方面因素影响，需要深入研究异质性生产率 φ 各项来源[②]。

（3）封闭经济均衡。假设企业进入市场前均相同，在支付了固定投资成本 f_E 后，进入市场并抽取生产率 φ，若生产率过低不足以获得正利润，企业将直接退出市场。定义 φ^* 为使企业利润为零的生产率止损点，则在垄断竞争的经济中，市场均衡由 FE 和 ZCP 两个条件决定。FE（Free Entry）条件指市场中企业预期利润为零，即 $\int_0^\infty \pi(\varphi)\,\mathrm{d}G(\varphi) = [1 - G(\varphi^*)]\bar{\pi} = wf_E$，而 ZCP（Zero Cutoff Point）条件为 $\pi(\varphi^*) = B(\varphi^*)^{\sigma-1} - wf = 0$。封闭经济中，总需求 X 不影响企业进出市场的选择。

（4）开放经济均衡。假设有 $i = 1, \cdots, N$ 个相同国家，各国都具有 CD 和 CES 商品偏好，且各国都使用相同的劳动投入生产商品，i 国的劳动供给为 $\bar{L}_i$；由于存在同质产品，因此各国工资相同，均为 $w = 1$。此时每个国家企业进入市场过程与封闭经济相同，即 i 国企业先支付沉没成本 f_{Ei}，然后在 Pareto 分布中随机抽取生产率 φ，若 φ 不足以产生正的利润则企业直接退出市场。企业在开放经济中面临的成本有两项，固定成本 f_{ni}（本国内的固定成本 f_{ii} 可写作 f，出口时的固定成本 f_{ni} 可写作 f_x）和出口时的可变成本（又称冰山成本）τ_{ni}，因此开放经济中的 ZCP 条件可分为两条：

[①] $\dfrac{r}{l} = \dfrac{r}{f + \dfrac{q}{\varphi}}$，其中，$\dfrac{r}{\dfrac{q}{\varphi}} = \dfrac{\sigma}{\sigma - 1}w$ 为常数，故企业生产率 φ 高，销售收入 r 越高，同样固定成本下对应的销售收入越高，即企业的劳动生产率越高。

[②] "Opening further the black box of the firm remains an interesting area for further research，including the micro foundations of heterogeneity in firm productivity and the dynamics of firm productivity over time." Melitz and Redding（2012）.

$$\pi_{ii}(\varphi_{ii}^*) = 0 \leftrightarrow B_i(\varphi_{ii}^*)^{\sigma-1} = f$$

$$\pi_{ni}(\varphi_{ni}^*) = 0 \leftrightarrow B_n(\tau_{ni})^{1-\sigma}(\varphi_{ni}^*)^{\sigma-1} = f_X$$

FE 条件与封闭经济时相同，依然为 $\int_0^\infty \pi_i(\varphi)\,\mathrm{d}G_i(\varphi) = f_{Ei}$。联立 ZCP 条件和 FE 条件即可求解出开放经济的均衡。考虑一个各国间完全相同的极端情况，即 $B_i = B_n = B$，企业在国内市场的生产率止损点 $\varphi_{ii}^* = \varphi^*$，国际市场的生产率止损点 $\varphi_{ni}^* = \varphi_X^*$，则开放经济时的均衡生产率如图 2.1 所示。生产率低于 φ^* 的企业退出市场，生产率在 (φ^*, φ_X^*) 的企业由于收入不足以补偿出口时的固定成本 f_X，因此仅在国内市场销售。生产率高于 φ_X^* 的企业既在国内市场销售，又在国际市场销售，因此利润 π 最高。

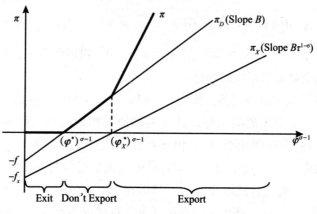

图 2.1　开放经济下的均衡（对称国家）

生产率最高的出口企业扩大规模，带来劳动力市场竞争，开放经济中生产率较低的企业只能退出市场。这样开放经济中行业生产率要高于封闭经济，整个社会的福利提高了。

2.2.2　生产率的内生化拓展

梅里兹（2003）较好解释了企业零出口问题，但其结论是建立在强假设"企业进入市场前外生抽取生产率"基础上的，近年来多位学者质疑了这一假设，并通过检验发现企业生产率受产品种类及技术创新等多方面因素影响。

首先，企业的产品种类。伯纳德等（Bernard et al.，2011）提出了一个多产品企业出口模型。假设产品 h 中有 v 种种类，每一种类以各自商标区别。企业在支付了进入市场的沉没成本 f_E 后，抽取到影响其利润的两个关键因素，一是生产率 φ，一是产品属性 λ_h（相同的产品 h 有相同的属性 λ_h），假设这两个因素互不影响，独立抽取。另外，i 国企业出口时，除要支付固定成本 F_{ni} 来开拓 n 国市场外，还要支付与产品相关的固定成本 f_{ni}。均衡时，高生产率企业在抽取到低产品属性时依然有能力在扣除固定成本后盈利，因此其向市场提供的产品种类更多样。同梅里兹（2003）一样，伯纳德等（2011）也认为高生产率企业既面向本国销售，也出口国际市场，中等生产率企业仅在本国销售，低生产率企业退出市场。贸易自由化后，随可变成本降低，出口企业关停最不成功的产品线，从而提高企业内生产率。

梅耶等（Mayer et al.，2014）认为多产品企业存在内生加成率（markup），因此，每种产品的需求弹性及其面临的竞争压力不同。贸易自由化后随产品竞争加剧，企业生产其生产率较高的产品，减少其他种类产品生产，从而带来企业内生产率提高，这被称为"内部蚕食"（cannibalization）。埃克尔和尼瑞（Eckel and Neary，2010）证明在非垄断竞争市场中同样存在企业内部蚕食，贸易开放后产品竞争加剧，企业在推出新产品的同时减少已有（低生产效率）产品生产，从而提高了企业内生产率。

其次，技术创新。部分学者发现出口企业的技术创新活动明显高于非出口企业，如维霍根（Verhoogen，2008）发现墨西哥出口企业申请了更多 ISO 认证，布斯托斯（Bustos，2011）发现贸易开放后阿根廷出口企业每个工人的技术支出更多了，利列瓦和特雷弗勒（Lileeva and Trefler，2010）指出 1989 年美加自由贸易协定实施后，随着美国进口关税降低，加拿大新出口企业的技术升级增加。

这些发现说明企业参与出口并非基于"外生抽取生产率"的自选择，而是出口推动了企业技术创新，提高了生产率。

布斯托斯（Busto，2011）使用二元选择模型研究了异质性出口企业的技术创新。假设生产率为 φ 的企业面临一个是否进行技术创新的选择，该创新可使生产率提升为 $\iota\varphi(\iota>1)$，但也带来额外固定成本 f_I。布斯托斯（2011）指出只有生产率高过临界值 φ_I^* 的企业才会进行这项创新活动，均衡时由于 $\varphi_I^*>\varphi_X^*$ 成立，只有部分出口企业参与创新，即生产率最高的企业既出口和国内销售，又通过技术创新提升生产率；生产率其次的企业只出口和国内销售，不进行技术创新；生产率再低的企业产品仅在国内销售，生产率最低的企业退出市场。

阿特森和伯斯坦（Atkeson and Burstein，2010）使用创新强度模型研究了贸易全球化后企业创新强度的变化。假设企业生产率 $\phi=\varphi^{\sigma-1}$，因此生产率 ϕ 与企业规模成正比。对于一项技术创新活动，若成功则可使生产率从 ϕ 提升为 $\iota\phi(\iota>1)$，创新成功的概率 α 为内生变量；企业进行技术创新的成本 $c_I(\alpha)\geqslant0$ 与反映企业生产率及规模的变量 ϕ 正相关，因此创新的总成本为 $\phi c_I(\alpha)$。在最大化其期望利润 $E[\pi(\phi)]=[(1-\alpha)+\alpha\iota]B\phi-\phi c_I(\alpha)-f$ 的约束下，企业选择创新强度 α。根据一阶条件可知，封闭经济中所有企业选择相同的创新强度 α。贸易开放后，由于创新成功的收益增加（出口企业通过海外销售获得更多收入），这改变了一阶条件，因此出口企业的创新强度增加，技术创新提升了出口企业的生产率。

另外，有学者从动态化角度研究了内生的企业生产率。梅里兹（2003）建立的模型由于假定企业仅面临单一的负面冲击 δ，且 δ 独立于生产率 φ，导致一是企业未来经营利润缺少不确定性（δ 转变为企业现金流的贴现因子），二是固定出口成本 f_X 出口前一次性支付还是每期支付一次不影响企业出口决策。这限制了梅里兹（2003）模型的动态化。为此，吉隆尼和梅里兹（Ghironi and Melitz，2005）将模型假定修改为存在企业进入市场前沉没成本 f_E 和企业固定出口成本 f_X，f_X 每期支付一次（而不是在出口前一次性支付），但不存在企业生产的固定成本 f。此时企业零出口是由负面冲击 δ 造成，而非生产率低于 φ_X^*。吉隆尼和梅里兹（2005）刻画了企业生产率的整体变动，但仍假定企业间相对生产率不变。奥（Aw et al.，2011）考虑出口企业研发支出内生化影响其生产率的情况，构造了单个企业生产率波动和企业间总体生产率变动共存的模型，并使用我国台湾地区企业出口数据验证了模型结论。

伯斯坦和梅里兹（Burstein and Melitz，2013）研究了贸易自由化对出口企业作用的路径，指出贸易成本降低后要经过多年调整才能实现其对企业生产率和出口决策的影响。科斯坦蒂尼和梅里兹（Costantini and Melitz，2008）比较了企业决定出口和进行技术创新的时间，发现两者大多同时决策，从而说明出口企业生产率是内生的，且生产率提升并非来自出口过程的干中学。

2.2.3 小结

基于企业层面的数据（Bernard et al.，2012）发现，一国只有少数企业参与出口，且出口企业规模更大、生产率更高。梅里兹（2003）从生产率异质性的角度构建模型，解释了大量企业零出口的事实。虽然霍特曼等（Hottman et al.，2016）指出出口企业的异质性并非只有生产率（成本）一种来源，异质性还可能来自产品质量、利润加成及产品种类，但不可否认的是，异质性生产率理论是解释企业出口行为最成功的理论。

出口企业生产率受哪些因素影响及企业生产率如何动态变化，是新新贸易理论研究的前沿。本书将在已有研究的基础上，将反映教育决策的家庭最优支出模型嵌入异质性企业出口模型（Melitz，2003），探讨人力资本（以劳动力教育水平衡量）对企业生产率及其出口活动的影响。本书的研究思路涉及两个问题，一是人力资本能否影响企业生产率，进而影响出口；二是企业出口行为是否会反作用于人力资本（关系到识别策略和工具变量的使用）。本书将在下两节回顾已有文献，回答这两个问题。

2.3 企业生产率的影响因素

生产率衡量了每单位投入要素的产出量，理论上产出量应以生产的实际产品单位衡量①，但这种生产率不具备可比性，因此，实践中多以产品销售收入衡量，计算基于收入的生产率。根据衡量范围不同，生产率既包括宏观层面的国家生产率、省份生产率或行业生产率，也包括微观层面的企业生产率。

微观企业中，生产率又可分为资本生产率（每单位资本对应的产出额）、劳动生产率（每单位劳动对应的产出额）和全要素生产率（资本和劳动投入不变时，企业产出的增加部分），其中全要素生产率又被称为技术进步率，是企业生产率的主要衡量指标。企业生产率受多方面因素的影响，根据赛弗森（Syverson, 2011）构建的框架，影响因素可分为企业内直接影响因素和企业外间接影响因素两部分。

2.3.1 内部影响因素

企业内部的高管能力、员工素质、创新活动及企业组织结构等因素可直接影响其生产率，其中高管能力和员工素质同属于企业人力资本。

（1）高管能力。学术界普遍认同高管能力对企业的作用，但对如何衡量高管能力并无统一指标。波特兰和舒尔（Bertrand and Schoar, 2003）研究了企业高层管理者（如 CEO、CFO 或总裁）的年龄和 MBA 教育对企业资产收益率的影响，发现高管读 MBA 可显著提高企业收益率，这可能是由于高管读 MBA 后在投资、债务杠杆和股利分配等方面有更积极的选择。另外，将高管固定效应加入

---

① 如商品的件数或吨数等。

资产收益率的回归模型可提高模型解释力，说明高管能力对企业作用显著。

班迪埃拉等（Bandiera et al.，2007、2009）从企业人力资源管理方式衡量高管能力，发现企业按业绩支付、工作团队建设、培训及日常中工人与管理层的交流可显著提高生产率，且这些管理方式作用互补。班迪埃拉等（2007、2009）还发现企业的生产过程不同，管理方式对生产率提高的作用不同，布伦特等（Brent et al.，2007）支持这一结论。

布洛姆和雷宁（Bloom and Reenen，2007）调查了美国、英国、法国及德国 700 多家中等规模企业，从制定目标、经营、监控和激励四方面衡量企业管理水平，将其转换成了标准分数。研究发现，企业管理水平与劳动生产率、全要素生产率及资本收益率等指标显著正相关。考虑到企业产品市场竞争程度和 CEO 是否指定继承两方面与企业管理水平密切相关，布洛姆和雷宁（2007）使用这两方面作为高管能力的工具变量，验证了高管能力对全要素生产率的正向作用。布洛姆和雷宁（2010）将调查范围扩大至包括中国、印度和巴西等发展中国家在内的近 6000 家企业，发现发展中国家管理水平普遍偏低，影响了贸易发展和企业生产率提高。

（2）员工素质。使用高素质的劳动力可提高企业生产率，伊尔马库纳斯等（Ilmakunnas et al.，2004）基于芬兰企业—员工匹配数据研究发现，员工教育水平及年龄两项指标与企业生产率正相关。福克斯和史密斯（Fox and Smeets，2011）使用丹麦更为细致的员工企业间流动数据，研究劳动力质量对企业生产率的作用，在控制教育、性别和工作经历等因素基础上，发现虽然员工教育可显著提高企业生产率，但加入员工教育后，行业内 90% 和 10% 分位点上生产率之比，仅从 3.74 降低为 3.36，说明还有其他因素影响生产率。

已有文献均支持提高员工素质以学校教育为主（Ilmakunnas et al.，2004；Fox & Smeets，2011），培训、工作经历等方面也有一定影响。范登贝格（Vandenberghe，2017）发现，延长教育年限可提高劳动力投入质量和企业生产率，在人口老龄化社会中，可以劳动力质量提升弥补劳动力数量不足，拉腊和文森特（Lara and Vincent，2014）持相同观点。

员工教育也是企业创新活动的基础。学校教育不仅增加了员工基本知识和技能，还增强了其沟通协调能力，这有利于员工创造或采纳新技术。卡萨（Kaasa，2009）运用欧洲 20 国数据证实，教育年数对以专利强度衡量的创新活动有显著正效应。

（3）创新。赛弗森（Syverson，2011）认为企业创新活动既包括有形的研发，也包括无形的产品质量提升。多拉泽斯基和奥曼德里欧（Doraszelski and Jaumandreu，2013）指出，对应于确定的研发支出，研发结果具有高度不确定性，参与研发使企业生产率变动的不确定性翻倍。奥等（2008）研究我国台湾地区电子行业企业，发现出口企业生产率高于非出口企业，企业出口决策通常伴随高水平的研发投资，说明研发提高了企业生产率且出口是企业自选择的结果；出口企业更愿意研发，是由于研发后生产率提高，国内和国际市场均可获益。

企业产品质量提升，虽然未必增加产出数量，但可提高产品价格和销售收入，因此带来企业内生产率提高。伦茨和莫滕森（Lentz and Mortensen，2008）使用丹麦数据发现产品质量提高还可带来行业整体生产率水平上升：随部分企业产品质量相对下降，企业将被迫减少市场份额或退出市场，带来投入要素在企业间的流动，促进了行业整体生产率水平上升。巴拉苏布拉曼尼亚和西瓦丹（Balasubramanian and Sivadasan，2011）从专利的角度研究了产品质量和企业生产率的关系，发现申请专利的企业规模更大、产品数量更多以及全要素生产率 TFP 更高，但这种相关性未必是因果关系。

（4）企业组织结构。企业年龄、员工工作时间安排及其决策权设置等因素可影响生产率。布洛姆和雷宁（Bloom and Reenen，2010）认为企业内分权有助于采用新的生产技术，欧洲企业近期生产率增速下滑是由于企业内权力过于集中。福布斯和皮尔曼（Forbes and Lederman，2011）研究了航空公司垂直一体化的作用，发现垂直一体化的公司减少了飞机晚点或航班取消，这是由于机场和飞机同属于一家公司，在面临恶劣天气等非预期问题时可提出更有效的解决方案。阿拉莱等（Atalay et al.，2012）也认为垂直一体化的企业生产率更高，但使用美国非农业企业数据发现，在有关联的上下游企业间商品交易只占很小一部分，因此认为垂直一体化的企业间生产率提高是由其共有的无形要素带来的，如高管才能等。

除以上因素外，学者还提出高质量的资本投入（Sakellaris & Wilson，2004）、IT 技术使用（Ark et al.，2008）及干中学（Levitt et al.，2011）也是可能影响企业生产率的重要因素。

2.3.2 外部影响因素

企业生产率可受"相邻"企业溢出、市场竞争及制度等外部因素的间接影响。

（1）溢出效应。学者发现"相邻"的企业间生产率水平相近，这被称为"溢出效应"。生产率溢出可能由于企业面对同样丰裕的投入要素市场，也可能由于知识扩散。莫雷蒂（Moretti，2004）研究了 1982 年和 1992 年美国制造业企业的生产率，并将同城市其他细分行业工人完成大学教育的比例作为解释变量加入企业生产函数，该变量系数显著为正，莫雷蒂（2004）将其解释为存在溢出效应，但并没有区分企业是由投入要素市场还是知识扩散获得了溢出。

巴塔斯曼等（Bartelsman et al.，2008）研究了企业间生产率趋同问题，发现企业生产率向本国行业领先水平靠拢的速度快于向国际领先水平靠拢的速度；国内企业若与国际领先水平差距较大，会放弃追赶，但无论差距多大，都不会放弃对国内领先水平的追赶。克雷斯皮等（Crespi et al.，2008）研究了企业生产率趋同中技术创新的信息来源，发现信息可来自供货商和竞争者，建立跨国公司有助于信息流动。凯勒和叶普（Keller and Yeaple，2009）研究了行业内外资企业的 FDI 投资对美国上市公司生产率增长的作用，发现 FDI 投资的溢出效应显著，特别是在高科技领域。

（2）市场竞争。市场的竞争程度可影响企业生产率，随竞争加剧，市场份额转向更有效率（成本更低、价格更低）的生产者，迫使生产率最低的企业退出市场，从而提高了行业生产率。市场竞争还可促进企业内生产率提高，伯纳德等（Bernard et al.，2011）多产品出口模型及"内部蚕食"效应已说明这一作用渠道，但需要指出的是，虽然竞争可促进企业增加支出以提高生产率，但竞争加剧到一定程度企业可能会放弃提高生产率的任何投资。

进口贸易竞争对企业生产率的作用一直是学术界研究热点。帕夫尼克（Pavcnik，2002）发现20世纪70年代的贸易开放促进了智利制造业企业生产率提高，这既包括企业内生产率的提高，也包括企业间（行业内）生产率水平的整体上升。布洛姆等（Bloom et al.，2016）研究了1996～2007年来自中国的产品进口对12个欧盟国家企业生产率的影响，随着中国加入WTO并成为国际纺织品贸易协定成员国，其出口到欧盟国家的产品关税有不同程度的降低，布洛姆等（2016）认为关税下降越多，产品市场竞争越激烈。随竞争加剧，部分企业技术创新，部分企业缩减市场份额甚至退出市场，从而行业整体生产率提高。

（3）制度。不适当的制度可能降低企业生产率，布里奇曼等（Bridgman et al.，2009）以1934～1974年美国制糖业为例研究了制糖法案对企业生产率的作用。为给种植甜菜农户提供补贴，制糖法规定向下游制糖企业征税。作为补偿，制糖法同时向下游制糖企业提供进口配额保护和限制本国竞争的保护，这一过度保护导致制糖企业生产率直线下降：1900年每吨甜菜可以制糖215磅，1934年上升为310磅，但法案实施后制糖率迅速下降，1950年为280磅，至1974年该法案废止时进一步降为240磅。法案废止后随着制糖市场的竞争发展，2004年恢复为每吨甜菜制糖295磅。

除制度管制影响产品生产和企业生产率外（Greenstone et al.，2012；Arnold et al.，2008），学者还研究了原国有企业进行私有化改革对其生产率的作用，布朗等（Brown et al.，2006）比较了东欧国家进行改革的情况，发现私有化后大部分企业生产率提高，但国家间生产率提高幅度不同，罗马尼亚平均生产率提高15%，俄罗斯为轻微负增长。

2.3.3 国内研究

国内学者多研究外部因素对我国企业生产率的间接影响。

陈强远等（2016）研究了我国大城市中企业生产率的溢价（大城市中企业生产率均值较高），认为溢价是集聚效应、分类效应、选择效应及竞争效应的共同结果，集聚效应可提高大部分行业的生产率溢价。陈斌开等（2015）探讨了住房价格上涨对我国企业生产率的作用，认为房价上涨导致资源配置效率降低，从而阻碍了企业全要素生产率增长。

钱学锋等（2011）研究了出口竞争对我国工业企业生产率的促进作用，证明出口中存在学习效应。余超和杨云红（2016）考察了银行业竞争对企业生产率的影响，发现随竞争加剧，银行的所有制歧视减弱而信贷效率提高，促进了高盈利企业生产率提高。

余林徽等（2013）利用世界银行调查数据研究了产权保护和契约执行两项制度对我国企业生产率的影响，发现增强产权保护可显著提高我国企业生产率，在经济落后地区或发展较慢企业中这种促进作用更大。张三峰和卜茂亮（2011）研究了环境规制对企业生产率的作用，认为两者呈显著正相关，因此，我国企业可承受更高水平的环境标准，但不同区域或行业的企业对高标准环境规制的反映不同。

我国对企业生产率内部影响因素研究较少，这部分是由于缺失微观数据。少有的文章中，吴利学等（2016）指出中国制造业生产率的来源，首先是企业内在成长，作用占90%，然后才是企业间资源配置改进和企业的进入与退出，因此要关注企业内在因素对生产率的影响。本书将在其基础上，利用世界银行2005年中国企业投资环境调查数据，研究企业内高管能力和员工素质等人力资本因素，通过影响企业生产率而影响其出口行为。

2.3.4　小结

全要素生产率是企业生产率的主要衡量指标。企业生产率受内部因素和外部因素的双重影响：企业内部的高管能力、员工素质、创新活动及企业组织结构等因素可直接影响其生产率，其中高管能力和员工素质同属于企业人力资本；企业生产率也可受外部"相邻"企业溢出、市场竞争及制度等因素的间接影响。国内学者多研究外部因素对我国企业生产率的间接影响，少有文献关注企业内在因素对企业生产率的推动作用。

2.4　家庭中子女数量—质量权衡理论

2.4.1　出口贸易对人力资本的反作用

阿特金（Atkin，2016）指出一国出口贸易可改变其总人口的教育分布，针对1986～2000年墨西哥出口的检验发现，制造业出口越发达的地区学生辍学率越高，每新增25个工作岗位就会使一名学生在9年级辍学。布兰查德和威尔曼（Blanchard and Willmann，2016）认为为应对进口竞争，部分工人会增加教育以升级为专业技术人才，部分工人会选择成为低技术的体力劳动者，长期来看，这将导致一国教育分布两极化发展。布兰查德和奥尔尼（Blanchard and Olney，2017）确认技术密集型行业出口的发展有利于一国提高平均教育水平。国内研究中，张川川（2015）认为我国1990～2005年出口导致的就业增长降低了适龄人口高中和大学入学率，且男性相对于女性入学率降低更大，这是由于我国出口以劳动密集型产品为主，男性更容易在出口企业找到工作并赚取收入，这增加了男性继续学习的机会成本。陈维涛等（2014）研究了出口企业生产率提高对我国人力资本积累的作用，发现生产率提高不仅有利于增加当代劳动者的人力资本投资，还有利于增加劳动者后代子女的教育投入。

企业出口的目的地直接影响其使用的人力资本。哈拉克（Hallak，2006）提出发达国家消费者偏好更高质量的产品。维霍根（Verhoogen，2008）构建模型说明出口企业为满足发达国家需求需提升产品质量，而生产高质量产品需要高质量劳动力并支付更高工资。马苏拉（Matsuyama，2007）认为除产品质量外，还有多种渠道影响出口企业人力资本，如在国际市场中销售产品需要销售员懂得国际惯例、外国文化并与客户直接外语交流，这需要出口企业使用高质量人力资本。布拉姆比利亚等（Brambilla et al.，2012）检验发现出口至高收入国家可提高企业以非生产性工人数占比衡量的技术密集度，但出口本身并无此作用。布拉姆比利亚和波特（Brambilla and Portal，2016）使用跨国面板数据，从行业层面检验发现出口至高收入国家可提高行业平均工资（以使用更高素质的员工）。坎和夏（Khan and Xia，2016）使用 2004 年中国规模以上工业企业调查数据，使用与布拉姆比利亚等（2012）相同的方法检验出口目的地对企业使用高技术员工的影响，得到了一致的估计。

2.4.2　家庭中子女数量—质量权衡理论

国外研究指出，生育率与劳动力教育年限负相关，这是通过家庭支出决策实现的。贝克尔和路易斯（Becker and Lewis，1973）提出，家庭中存在以质换量的权衡（quantity - quality tradeoff，QQ 替代），当家庭收入增加时，会同时增加孩子数量和质量的支出，但孩子质量的提高幅度远高于数量。李和梅森（Lee and Mason，2010）、普雷特那等（Prettner et al.，2013）探讨了生育率下降与随之而来的教育与健康投资提高，这有助于解决劳动力供给不足问题并保持经济增长。盖勒（Galor，2012）指出生育率下降的主要原因来自女性工作收入增加，这提高了生育及抚养孩子的机会成本，盖勒（2011）强调构建模型分析 QQ 替代时，应使用（男性和女性）双家长模型，不能将其简化为一位性别不明的代表性家长。

针对中国的检验证实中国家庭中存在 QQ 替代。夏怡然和苏锦红（2016）发现中国独生子女政策显著提高了独生子女的教育水平，使他们得到高中以上教育的概率提高了 2.7%。叶华和吴晓刚（2011）从性别角度探讨了生育率下降和家庭子女教育年限的增加，发现家中子女越多，女性教育年限相对于男性越低，特别是她们有兄弟的情况时。李和张（Li and Zhang, 2017）将各地区违反计划生育的程度编制指数（excess fertility rate）作为生育率的工具变量，发现生育率降低提高了本地区青少年教育水平。秦等（Qin et al., 2017）使用断点回归证实了我国存在 QQ 替代，计划生育政策提高了后代子女教育水平。

2.4.3　小结

本书研究劳动力教育结构，通过构成企业人力资本，影响企业生产率及其出口活动。但已有研究发现，无论在宏观的国家及地区层面，还是在微观的企业层面，出口贸易也反向影响地区及企业层面的人力资本，因此需使用工具变量解决内生性问题。根据 QQ 替代效应，本书将使用地区生育率作为员工素质（以员工教育衡量）的工具变量。对于高管能力（以高管教育衡量），本书认为由于高管能力超群，可在地区间自由流动，因此不宜使用地区生育率作为工具变量。本书将借鉴余林徽等（2013）的方法，以每个城市各行业的平均水平作为企业高管能力的工具变量。

2.5　本章结论

劳动力是有劳动能力的人口，是总人口重要组成部分。不同于以往文献从总人口年龄结构研究人口对一国贸易的影响，本书将针对总人口中的劳动力，研究劳动力教育结构对企业出口活动的影响。

微观企业中，本书研究的劳动力不仅包括普通员工，还包括企业高管。员工素质和高管能力①是企业重要的人力资本，两者共同决定企业抽取的异质性生产率，本书据此将反映教育决策的家庭最优支出模型嵌入异质性企业出口模型（Melitz，2003），分析静态与动态均衡。本书的研究为内生化企业生产率提供了一条新的思路。本书将使用世界银行 2005 年中国企业投资环境调查数据检验理论模型结论，在控制影响生产率的内部因素和外部因素基础上，考察劳动力教育结构对企业生产率及出口活动的影响。对于检验中可能存在的内生性问题，本书将使用生育率作为员工素质（以员工教育衡量）的工具变量，以每个城市各行业的平均水平构建高管能力（以高管教育衡量）等因素的工具变量。

---

① 员工素质和高管能力均以各自教育水平衡量。

第 3 章

理 论 模 型

企业使用的劳动力教育水平越高，其员工素质和高管能力越高，企业人力资本水平越高，企业越有可能抽取到高水平的生产率。根据这一思路，本章将从劳动力教育入手，将涉及教育决策的家庭最优支出模型与异质性企业生产模型（Melitz，2003）相关联，探讨劳动力教育对企业生产及出口活动的影响。

3.1 家庭最优支出模型

假设一个经济中存在成年人和孩子两代人。总人口分男性和女性且人口性别比例平衡，无论在成年人一代还是孩子一代，男女性别比都是 1∶1。经济中的代表性家庭由一位男性、一位女性及两人共同养育的孩子构成。家庭总效用包括商品消费 c（以人力资本衡量）、养育孩子的数量 n 和为孩子提供教育 $2e$ 三部分（Galor & Weil，2000；Becker et al.，2010），假设不论男女，经济中代表性成年人的人力资本为 h，则家庭的总效用函数为：

$$U = \log(2ch) + \alpha\log(n) + \gamma\log(2e) \tag{3.1}$$

其中，$\alpha \in (0, 1)$，$\gamma \in (0, \alpha)$ 分别代表对孩子数量和孩子教育的偏好。

假设每位代表性成年人有 1 单位劳动时间，但教育一个孩子将减少其劳动时间 e 单位。家庭中，抚养一个孩子所需最低时间成本为 ϕ，考虑到我国传统习惯是女性在家养育孩子，男性外出工作，因此，本书模型设定养育孩子只挤占了女性劳动时间，不影响男性劳动时间（郭凯明等，2016；汤梦君，2013；涂肇庆，2006），但家庭中无论男女，都关心孩子教育（即都会为教育孩子付出时间 e）。另外，女性每单位人力资本的工资为 w^F，男性每单位人力资本的工资为 w^M，商品消费的一般价格水平为 P，则家庭的预算约束为：

$$w^M h(1-en) + w^F h(1-\phi n - en) = 2Pch \tag{3.2}$$

在预算约束（3.2）下最大化家庭效用（3.1），可得到对孩子数量 n 和教育 e 的最优支出：

$$n = \frac{\left(\dfrac{w^M}{w^F}+1\right)(\alpha-\gamma)}{\phi(1+\alpha)} \tag{3.3}$$

$$e = \frac{\gamma\phi}{(\alpha-\gamma)\left(\dfrac{w^M}{w^F}+1\right)} \tag{3.4}$$

由式（3.3）和式（3.4）可知，$en = \dfrac{\gamma}{(1+\alpha)}$，即家庭中孩子数量和教育存在"以质换量"的权衡（Quantity – Quality Tradeoff）。分析式（3.3）和式（3.4）的影响因素可发现：

第一，家庭中越注重孩子数量（α 越大），养育的孩子数量越多（n 越大），为孩子付出的教育投入越少（e 越小）；

第二，家庭中越注重孩子教育（γ 越大），养育的孩子数量越少（n 越小），为孩子付出的教育投入越多（e 越大）；

第三，女性工资（w^F）相对男性工资（w^M）越高，或抚养孩子的时间成本越高（ϕ 越大），养育的孩子数量越少（n 越小），但为孩子付出的教育投入越多（e 越大）。

将式（3.3）和式（3.4）代入式（3.2）可得 $c = \dfrac{w^M + w^F}{2P(1+\alpha)}$，消费 c 不仅受工资（w^F 和 w^M）及一般价格水平（P）影响，还受

到 α 影响，家庭中越偏好孩子数量（α 越大），消费越少，但对孩子教育的偏好（γ）不影响消费。

考虑家庭最优支出（n 和 e）下男性和女性的劳动时间。由于 $1 - en = 1 - \dfrac{\gamma}{1+\alpha}$，可知男性劳动时间与 α 正相关，与 γ 负相关，即注重孩子数量有利于增加男性劳动时间，注重孩子教育将减少男性劳动供给。女性劳动时间为 $1 - \phi n - en = \dfrac{1 - \dfrac{w^M}{w^F}(\alpha - \gamma)}{1+\alpha}$，与男性正相反，注重孩子数量（$\alpha$ 越大）将减少女性劳动供给，但注重孩子教育（γ 越大）将增加女性劳动供给；女性工资相对男性工资越高 $\left(\dfrac{w^M}{w^F}\text{越小}\right)$，也可以促进女性劳动时间增加。若成年人口中有 $L/2$ 位男性和 $L/2$ 位女性，定义经济中的总收入 Y 为男性劳动收入和女性劳动收入之和：

$$Y = w^M h(1-en)\frac{L}{2} + w^F h(1 - \phi n - en)\frac{L}{2} = \frac{L}{2}h\frac{(w^M + w^F)}{1+\alpha}$$

$$(3.5)$$

由式（3.5）可知，偏好孩子数量（α 越大）将减少经济中的总收入 Y。

由于家庭中的男性和女性各为每位子女贡献了 e 单位教育时间，故每位子女的总教育时间为 $2e$。假定孩子的教育时间被 $1:1$ 转化为下一代人的人力资本 h_{t+1}，则：

$$h_{t+1} = 2e_t = \frac{2\gamma\phi}{(\alpha - \gamma)\left(\dfrac{w^M}{w^F} + 1\right)}$$

若 t 时期成年人口为 L_t，则 $t+1$ 时期成年人口总人力资本为：$H_{t+1} = h_{t+1}n_t L_t / 2 = 2e_t n_t L_t / 2 = \dfrac{\gamma}{(1+\alpha)}L_t$，可知家庭中注重孩子教育（$\gamma$ 越大）可提高总人力资本 H_{t+1}，注重孩子数量（α 越大）则降低了总人力资本 H_{t+1}。

3.2　企业异质性生产及封闭经济均衡

假设一国有 j 个行业（sector），行业间商品 Q_j 为 Cobb – Douglas 效用函数：

$$U = \sum_j \beta_j \log Q_j \qquad (3.6)$$

其中，$\sum_j \beta_j = 1$。j 个行业中，行业 $j = 0$ 中的企业以规模收益不变的技术生产同质性商品，并在完全竞争市场中销售该商品，因此可将其定义为基准商品。根据赫尔普曼等（Helpman et al.，2004）和德米多娃（Demidova，2008），由于各国可无成本的交易该同质商品，这保证了各国经人力资本调整的工资率 w 均相等，即 $w = 1$ 在各国均成立。

假设企业在 $j \neq 0$ 的行业中生产异质性商品并在垄断竞争的市场中交易该商品。行业 j 内，Ω_j 为产品集，每个企业生产一种连续产品 $\omega \in \Omega_j$。假设行业 j 内所有产品都彼此可替代并拥有 CES 的效用函数：

$$Q_j = \left[\int_{\omega \in \Omega_j} q_j(\omega)^{\frac{\sigma-1}{\sigma}} \, d\omega \right]^{\frac{\sigma}{\sigma-1}} \qquad (3.7)$$

其中，$\sigma > 1$ 为产品间替代弹性。行业 j 的市场约束为 $\int_{\omega \in \Omega_j} p_j(\omega) q_j(\omega) \, d\omega = \beta_j Y = X_j$，$Y$ 为经济中的总收入，由式（3.5）获得。求解企业产品销量 $q_j(\omega)$，可得：

$$q_j(\omega) = C_j p_j(\omega)^{-\sigma} \qquad (3.8)$$

式（3.8）中，$C_j = X_j P_j^{\sigma-1}$，$P_j = \left[\int_{\omega \in \Omega_j} p_j(\omega)^{1-\sigma} \, d\omega \right]^{\frac{1}{1-\sigma}}$ 为行业 j 内一般价格指数。

3.2.1　企业异质性生产

假设企业生产中人力资本是唯一使用要素，各项生产成本均以人力资本单位衡量。生产 q_j 单位产品的总人力资本成本为 $l_j = f_j + \dfrac{q_j}{A}$，$A$ 为企业特有的生产率，f_j 为企业固定成本（j 行业内所有企业均有相同的固定成本 f_j），由此可知，企业边际成本 $MC_j = \dfrac{1}{A}$，说明生产率越高，企业生产相同产品的边际成本越低。为方便讨论行业 j 内均衡，以下内容省略下标 j。

在垄断竞争的市场中，j 行业内企业产品定价为 $p(A) = \dfrac{\sigma}{\sigma - 1} \times \dfrac{1}{A}$，企业销售收入 $r(A) = p(A)q(A) = Cp(A)^{1-\sigma}$，将企业产品定价 $p(A)$ 代入式中，可得：

$$r(A) = C\left(\frac{\sigma - 1}{\sigma}\right)^{\sigma-1} A^{\sigma-1} \tag{3.9}$$

企业的销售利润 $\pi(A) = r(A) - wl = \dfrac{r(A)}{\sigma} - f$，将式（3.9）代入，可得：

$$\pi(A) = BA^{\sigma-1} - f \tag{3.10}$$

其中，$B = \dfrac{(\sigma - 1)^{\sigma-1}}{\sigma^{\sigma}} C$。根据产量 q 和收入 r 的表达式可知：

$$\frac{q(A_1)}{q(A_2)} = \frac{Cp(A_1)^{-\sigma}}{Cp(A_2)^{-\sigma}} = \left(\frac{A_1}{A_2}\right)^{\sigma}, \ \frac{r(A_1)}{r(A_2)} = \left(\frac{A_1}{A_2}\right)^{\sigma-1} \tag{3.11}$$

3.2.2 封闭经济均衡

根据梅里兹（Melitz，2003），假设企业进入 j 行业市场前，须先支付 f_E 人力资本单位固定投资（沉没成本），然后抽取其特有的生产率 A；进入市场后，企业每期将面临一个概率为 δ 的负面冲击而退出市场。垄断竞争市场上均衡时，企业价值 $v(A)$ 为：

$$v(A) = \max\left(0, \sum_{t=0}^{\infty}(1-\delta)^t \pi(A)\right) = \max\left(0, \frac{\pi(A)}{\delta}\right)$$

$$\tag{3.12}$$

令 $A^* = \inf[A: v(A) > 0]$ 代表进入市场的生产率临界值，即 $A > A^*$ 时，企业预期获得正的利润且价值 $v(A)$ 为正；生产率 $A = A^*$ 时，企业零利润；生产率 $A < A^*$ 时，企业利润为负。若企业支付固定成本 f_E 后抽取的生产率 A 低于临界值 A^*，则企业不生产，直接退出市场。

企业抽取的生产率 A 来自 Pareto 分布 $G(A) = 1 - \left(\dfrac{1}{A}\right)^a$①，与梅里兹（2003）不同的是，本书认为企业人力资本不同，面临的 Pareto 分布形状（参数 a）不同，这影响了企业抽取高水平生产率的概率，如图 3.1 所示。

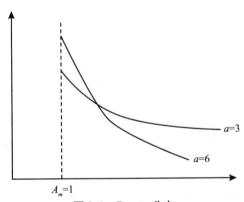

图 3.1　Pareto 分布

a 越小，如图 3.1 中 $a = 3$，由于右侧厚尾，企业越有可能抽取到高的生产率 A；a 越大，如图 3.1 中 $a = 6$，企业抽取到高水平生产率 A 的概率大大降低。根据 Pareto 分布这一属性，本书假定 $a = \dfrac{1}{h}$，其中，h 为企业人力资本水平，以代表劳动力的教育衡量，并受到家庭最优支出决策的影响，即 $h = 2e = \dfrac{2\gamma\phi}{(\alpha - \gamma)\left(\dfrac{w^M}{w^F} + 1\right)}$。企业

---

① Pareto 分布的表达式为 $G(A) = 1 - \left(\dfrac{A_m}{A}\right)^a$，其中 A_m 为位置参数，a 为形状参数；此处本书假定位置参数 A_m 被标准化为 1。

的人力资本水平越高，a 越小，企业越有可能抽到高生产率 A，这是由于：

第一，员工参与生产时可相互影响，员工素质（以教育水平衡量）越高，相互影响后获得的正外部性越大（Lucas，1988；Battu et al.，2003；Munch and Skaksen，2008）。

第二，高管教育水平越高能力越强（Bertrand and Schoar，2003），越有可能组建一个高效生产的团队① （Bloom and Van Reenen，2007，2010；Syverson，2011；Gennaioli et al.，2013）。

普雷特那和斯特鲁里克（Prettner and Strulik，2013）使用了相似方法定义 Pareto 分布形状（参数 a），但其实证部分仅用了高管教育年限衡量企业人力资本，并使用生育率作为高管教育的工具变量。本文认为，正如第 2 章第 3 节所总结，企业内部有多种因素（高管能力、员工素质、创新及企业组织管理）直接影响生产率，高管能力和员工素质（两者都可以用教育水平衡量）都属于企业人力资本，不应该只关注高管而忽略员工教育对企业生产率的作用。而且，高管能力卓越，可实现跨地区流动，因此不适合使用企业所在地生育率为其工具变量，地区生育率与员工教育负相关性更强。

由定义可知，在生产率临界值 A^* 处，$\pi(A^*) = 0$ 成立。根据式（3.10），该条件为：

$$\pi(A^*) = B(A^*)^{\sigma-1} - f = 0 \qquad (3.13)$$

在垄断竞争市场中，企业可以自由进出（Free Entry），这导致行业内企业预期价值为 0，即 $V_e = \int_0^\infty v(A)\mathrm{d}G(A) - f_E = [1 - G(A^*)]\bar{v} - f_E = 0$。根据式（3.12），该条件为：

$$\int_0^\infty \frac{\pi(A)}{\delta}\mathrm{d}G(A) = f_E \qquad (3.14)$$

式（3.13）为企业零利润（Zero Cutoff Profit，ZCP）条件，式（3.14）市场自由进出（Free Entry，FE）条件，将两者联立可求得封闭经济中生产率临界值 A^*，如图 3.2 所示。

---

① 本书第 2 章第 3 节就此问题进行了全面的总结。

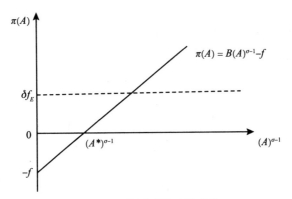

图 3.2 ZCP 条件和 FE 条件

根据 FE 条件可知，$\int_0^\infty \pi(A)\mathrm{d}G(A) = \int_0^\infty \left[\frac{r(A)}{\sigma} - f\right]\mathrm{d}G(A) = \delta f_E$，将式（3.11）和 ZCP 条件代入，得到：

$$\ln(A^*) = h\left[\ln\left(\frac{h(\sigma - 1)}{1 - h(\sigma - 1)}\right) + \ln\left(\frac{f}{\delta f_E}\right)\right] \qquad (3.15)$$

式（3.15）推导过程见附录 A。当 h 增加时，式（3.15）方括号第一项随之增加，且以 e 为底数的对数函数为单调增函数，可知 h 与 A^* 正相关。

命题 1：封闭经济中，企业人力资本（h）越高，生产率临界值 A^* 越高。

定义市场中存活企业的平均生产率为 $\tilde{A}$。由于生产率 A 服从形状参数为 $\frac{1}{h}$ 的 Pareto 分布，其概率分布函数为 $G(A) = 1 - \left(\frac{1}{A}\right)^{\frac{1}{h}}$，概率密度函数为 $g(A) = \frac{1}{h(A)^{\frac{1}{h}+1}}$，因此市场中存活企业的概率密度函数 $\mu(A)$ 为：

$$\mu(A) = \begin{cases} \dfrac{g(A)}{1 - G(A^*)} & \text{若 } A > A^* \\ 0 & \text{其他} \end{cases} \qquad (3.16)$$

根据定义可知，当 $A > A^*$ 时，$\mu(A) = \frac{1}{h}A^{-\frac{1}{h}-1}(A^*)^{\frac{1}{h}}$，市场中

存活企业的平均生产率 $\tilde{A} = \left[\int_{A^*}^{\infty} A^{\sigma-1} \mu(A) \mathrm{d}A \right]^{\frac{1}{\sigma-1}}$，将 $\mu(A)$ 的表达式代入并经整理（计算过程见附录 A）可得：

$$\tilde{A} = \left[\frac{1}{1-h(\sigma-1)} \right]^{\frac{1}{\sigma-1}} (A^*) \qquad (3.17)$$

根据命题 1 可知，h 与 A^* 正相关。保持 A^* 不变，式（3.17）中第一项，随 h 增加，方括号中底数随之增加；指数部分为 $\frac{1}{\sigma-1}$，由于已知 $\sigma > 1$，这保证了指数为正。在指数为正的幂函数 $\left[\frac{1}{1-h(\sigma-1)} \right]^{\frac{1}{\sigma-1}}$ 中，随 h 增加，幂函数取值随之增加，这保证了 h 与 $\tilde{A}$ 正相关。

命题 2：封闭经济中，企业人力资本（h）越高，市场中存活企业的平均生产率 $\tilde{A}$ 越高。

3.3 开放经济均衡

3.3.1 企业生产与市场均衡

假设世界上有 $i = 1, \cdots, N$ 个国家，各国效用结构相同：j 个行业间商品 Q_j 为 Cobb – Douglas 效用函数 $U = \sum_j \beta_j \log Q_j$，其中 $\sum_j \beta_j = 1$；行业 $j \neq 0$ 内生产连续产品 $q_j(\omega)$ 且产品彼此可替代，其 CES 效用函数为 $Q_j = \left[\int_{\omega \in \Omega_j} q_j(\omega)^{\frac{\sigma-1}{\sigma}} \mathrm{d}\omega \right]^{\frac{\sigma}{\sigma-1}}$，$\sigma > 1$ 为产品间替代弹性；行业 $j = 0$ 生产同质商品，该商品可在完全竞争的市场上无成本交易，以该同质商品为基准保证了各国经人力资本单位调整的工资率相同且 $w = 1$（企业生产成本以人力资本单位衡量）。为方便分析开放经济中 j 行业市场均衡，以下省略下标 j。

假设进入市场前 i 国企业先支付 f_{Ei} 的沉没成本，然后在 $G_i(A)$ 的 Pareto 分布中抽取异质性生产率 A。和封闭经济中相同，$G_i(A) = 1 - \left(\dfrac{1}{A}\right)^a$，$a = \dfrac{1}{h}$，生产率分布的形状参数 a 受企业人力资本水平 h 影响。h 越高形状参数 a 越小，企业越容易抽取到高水平生产率 A。进入国际市场后，i 国企业每期仍将面临一个概率为 δ 的负面冲击而退出市场，因此企业价值 $v(A)$ 为：

$$v(A) = \max\left(0, \sum_{t=0}^{\infty}(1-\delta)^t\pi(A)\right) = \max\left(0, \frac{\pi(A)}{\delta}\right)$$

为将 i 国企业生产的产品出售给 n 国消费者，需要支付以人力资本衡量的固定成本 f_{ni} 和可变成本 τ_{ni}。存在固定成本 f_{ni} 是因为产品销售中，有不随销量而改变的广告支出及为了解 n 国市场规则而付出的成本（为构建模型也必须保留 f_{ni}，以使低生产率企业因生产不足以弥补固定成本而退出市场）。令 f_{ii} 为 i 国企业生产产品出售给本国消费者的固定成本，即封闭经济中的固定成本 f[①]。可变成本 τ_{ni} 又被称为冰山成本，令 $\tau_{ni} \geq 1$ 并假定 i 国每出口 τ_{ni} 件商品至 n 国，到岸后只剩 1 件商品，$(\tau_{ni}-1)$ 为出口时的运输成本；令 $\tau_{ii} = 1$，即 i 国生产的产品在 i 国销售不存在运输成本[②]。

由于面临垄断竞争市场，生产率为 A 的 i 国企业出口产品至 n 国的销售价格为 $p_{ni}(A) = \dfrac{\sigma}{\sigma - 1} \times \dfrac{\tau_{ni}}{A}$，由此获得的销售收入为 $r_{ni}(A) = C_n p_{ni}^{1-\sigma}(A) = C_n\left(\dfrac{\sigma-1}{\sigma}\right)^{\sigma-1}A^{\sigma-1}\tau_{ni}^{1-\sigma}$，其中 $C_n = X_n P_n^{\sigma-1}$，一般价格指数 $P_n = \left[\displaystyle\int_{\omega \in \Omega}p(\omega)^{1-\sigma}\mathrm{d}\omega\right]^{\frac{1}{1-\sigma}}$。$i$ 国企业出口至 n 国获得的利润为 $\pi_{ni}(A) = r_{ni}(A) - l = \dfrac{r_{ni}(A)}{\sigma} - f_{ni} = C_n\dfrac{(\sigma-1)^{\sigma-1}}{\sigma^\sigma}\tau_{ni}^{1-\sigma}A^{\sigma-1} - f_{ni}$，令 $B_n = C_n\dfrac{(\sigma-1)^{\sigma-1}}{\sigma^\sigma}$，则企业出口的利润可简化为：

---

① 注意，不要求 $f_{ii} < f_{ni}$ 一定成立。
② 由模型设定可知，$\tau_{ni} \geq \tau_{ii}$ 成立。

$$\pi_{ni}(A) = B_n \tau_{ni}^{1-\sigma} A^{\sigma-1} - f_{ni} \tag{3.18}$$

与封闭经济一致，为得到开放经济市场均衡，需联立企业零利润（ZCP）条件和市场自由进出（FE）条件。定义 $A_{ni}^* = \inf[A: v_{ni}(A) > 0]$ 为 i 国产品出口到 n 国的生产率临界值，当 $A > A_{ni}^*$ 时，企业预期获得正的利润 $\pi_{ni}(A)$ 且价值 $v_{ni}(A)$ 为正；生产率 $A = A_{ni}^*$ 时，企业零利润；生产率 $A < A_{ni}^*$ 时，企业利润为负。若 i 国企业支付沉没成本 f_{Ei} 后抽取的生产率 A 低于临界值 A_{ni}^*，则 i 国企业不会向 n 国出口（因出口获得的收入无法弥补固定成本 f_{ni} 而使利润为负），此时 $\pi_{ni}(A) = 0$。由 A_{ni}^* 的定义可知：

$$\pi_{ni}(A_{ni}^*) = 0 \Leftrightarrow B_n \tau_{ni}^{1-\sigma}(A_{ni}^*)^{\sigma-1} = f_{ni} \tag{3.19}$$

定义 $A_{ii}^* = \inf[A: v_{ii}(A) > 0]$ 为 i 国企业在本国生产并销售的生产率临界值（A_{ii}^* 即封闭经济中的 A^*），当 $A > A_{ii}^*$ 时，企业预期获得正的利润 $\pi_{ii}(A)$ 且价值 $v_{ii}(A)$ 为正；生产率 $A = A_{ii}^*$ 时，企业零利润；生产率 $A < A_{ii}^*$ 时，企业利润为负。若企业支付沉没成本后抽取的生产率 A 低于临界值 A_{ii}^*，则企业不生产，直接退出市场。由 A_{ii}^* 的定义可知：

$$\pi_{ii}(A_{ii}^*) = 0 \Leftrightarrow B_i(A_{ii}^*)^{\sigma-1} = f_{ii} \tag{3.20}$$

式（3.19）和式（3.20）构成了开放经济中两个 ZCP 条件。假定 $A_{ii}^* < A_{ni}^*$ 成立，说明 i 国市场存活的企业首先在本国销售，部分生产率 A 超过 A_{ni}^* 的企业既在本国销售也出口至 n 国（见图 3.3）。

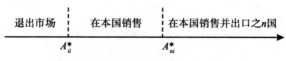

图3.3 生产率与企业销售市场选择

开放经济中 FE 条件与封闭经济相同，由 $V_e = \int_0^\infty v_i(A)\, dG_i(A) - f_{Ei} = 0$ 可知：

$$\int_0^\infty \pi_i(A)\, dG_i(A) = \delta f_{Ei}$$

企业利润 $\pi_i(A)$ 不仅包括本国销售利润 $\pi_{ii}(A)$，也包括对 n 国出口获得的利润 $\pi_{ni}(A)$，因此上式可转化为：

$$\sum_n \int_0^\infty \pi_{ni}(A)\mathrm{d}G_i(A) = \sum_n f_{ni}\int_0^\infty \left[\left(\frac{A}{A_{ni}^*}\right)^{\sigma-1}-1\right]\mathrm{d}G_i(A) = \delta f_{Ei}$$

定义 $J_i(A_{ni}^*) = \int_0^\infty \left[\left(\frac{A}{A_{ni}^*}\right)^{\sigma-1}-1\right]\mathrm{d}G_i(A)$，则开放经济中 FE 条件为[①]：

$$\sum_n f_{ni} * J_i(A_{ni}^*) = \delta f_{Ei} \tag{3.21}$$

3.3.2 开放经济的市场均衡：同质性国家的解

式（3.19）至式（3.21）虽然定义了开放经济中 ZCP 条件和 FE 条件，但由于待解变量过多，无法得出解析解。为此，本部分将先考虑同质性国家的特例，然后再放开假设，在下一部分考虑异质性国家的情况。

假定 i 国企业对各国 n 出口时有相同的固定成本 f_x 和可变成本 τ，即 $f_{ni}=f_x$ 和 $\tau_{ni}=\tau$，对于 $\forall n\neq i$ 成立。若 i 国生产的产品不参与出口，仅在本国销售，则同封闭经济的假定：$f_{ii}=f$，进入市场前的沉没成本 $f_{Ei}=f_E$，$G_i(A)=G(A)$，对于 $\forall i$ 成立。

这样，i 国企业出口时面临的零利润（ZCP）条件为：$B_n\tau^{1-\sigma}$ $(A_{ni}^*)^{\sigma-1}=f_X$；$i$ 国企业在本国销售时面临的零利润（ZCP）条件为：$B_i(A_{ii}^*)^{\sigma-1}=f$；在 j 行业市场中，i 国企业面临的市场自由进出（FE）条件为：$J(A_{ii}^*)f + \sum_{n\neq i} J(A_{ni}^*)f_X = \delta f_E$。

为得到唯一解，还需假定各国完全相同：除生产率临界值 $A_{ii}^*=A^*$，$A_{ni}^*=A_X^*$ 外，还包括参数 $B_i=B_n=B$，对于 $\forall i$，n，且 $i\neq n$ 成立。因此市场均衡条件变为：

$$B\tau^{1-\sigma}(A_X^*)^{\sigma-1}=f_X \tag{3.22}$$

---

① 式（3.21）推导过程见附录 A。

$$B(A^*)^{\sigma-1} = f \tag{3.23}$$

$$J(A^*)f + (N-1)J(A_X^*)f_X = \delta f_E \tag{3.24}$$

式（3.22）和式（3.23）为两个零利润（ZCP）条件，式（3.24）为市场自由进出（FE）条件。先将式（3.23）与式（3.22）相除，求得 $A_X^* = A^*(f_X/f)^{\frac{1}{\sigma-1}}\tau$，将其代入式（3.24），可得：

$$\ln(A^*) = h\left[\ln\left(\frac{\sigma-1}{\frac{1}{h}-(\sigma-1)}\right) + \ln\left(\frac{f+(N-1)(D\tau)^{-\frac{1}{h}}f_X}{\delta f_E}\right)\right] \tag{3.25}$$

式（3.25）的证明过程见附录 A。式（3.25）中，$D = \left(\frac{f_X}{f}\right)^{\frac{1}{\sigma-1}}$，由于假定 $A_{ii}^* < A_{ni}^*$ 成立，因此 $A^* < A_X^*$ 成立，$(f_X/f)^{\frac{1}{\sigma-1}}\tau > 1$ 成立，即 $D\tau > 1$。指数函数 $(D\tau)^{-\frac{1}{hm}}$ 中底数 $D\tau$ 大于 1 说明函数为增函数，随 h 增加指数函数随之增加，又由于以 e 为底数的对数函数同样是增函数，随指数函数 $(D\tau)^{-\frac{1}{h}}$ 增加，式（3.25）中括号中第二项随之增加；显而易见，中括号中第一项对数函数同样是 h 的增函数。另外，保持中括号中数值不变，括号外 h 增加也将带来 $\ln(A^*)$ 增加，这说明 h 与 A^* 正相关。

命题 3：开放经济中，企业人力资本（h）越高，生产率临界值 A^* 越高。

由于 $\frac{dA_X^*}{dA^*} = (f_X/f)^{\frac{1}{\sigma-1}}\tau > 1$，命题 3 同样意味着企业人力资本（$h$）越高，企业出口时面临的生产率临界值 A_X^* 越高。定义开放经济中市场存活企业的平均生产率为 $\tilde{A}$，根据式（3.17）可知，$\tilde{A} = \left[\frac{1}{1-h(\sigma-1)}\right]^{\frac{1}{\sigma-1}}(A^*)$ 成立。保持 A^* 不变，在 $\left[\frac{1}{1-h(\sigma-1)}\right]^{\frac{1}{\sigma-1}}$ 中，随 h 增加，方括号中底数随之增加；指数部分为 $\frac{1}{\sigma-1}$，由于已知 $\sigma > 1$，这保证了指数为正。在指数为正的函数 $\left[\frac{1}{1-h(\sigma-1)}\right]^{\frac{1}{\sigma-1}}$

中，随 h 增加，函数取值随之增加，这保证了 h 与 $\tilde{A}$ 正相关。

定义 $\varPhi_X$ 为一国企业的出口竞争力（international competitiveness），衡量一国企业参与出口的概率，$\varPhi_X = \dfrac{1 - G(A_X^*)}{1 - G(A^*)} = \left(\dfrac{A^*}{A_X^*}\right)^{\frac{1}{h}}$，

由于 $A_X^* = A^* (f_X/f)^{\frac{1}{\sigma-1}} \tau$ 成立，代入 $\varPhi_X$ 可得：

$$\varPhi_X = \frac{1 - G(A_X^*)}{1 - G(A^*)} = \left(\left(\frac{f}{f_X}\right)^{\frac{1}{\sigma-1}}\left(\frac{1}{\tau}\right)\right)^{\frac{1}{h}} \tag{3.26}$$

由于假定 $A_{ii}^* < A_{ni}^*$ 成立，因此，$(f_X/f)^{\frac{1}{\sigma-1}} \tau > 1 \Rightarrow (f/f_X)^{\frac{1}{\sigma-1}}\left(\dfrac{1}{\tau}\right) <$

1，这导致 $\varPhi_X$ 将随 $\dfrac{1}{h}$ 的减小而增大，进而得到 h 与 $\varPhi_X$ 正相关。

命题 4：开放经济中，一国企业人力资本（h）越高，市场中存活企业的平均生产率 $\tilde{A}$ 越高，该国企业的出口竞争力 $\varPhi_X$ 越高。

在第一节家庭最优支出的分析中已知，$h_{t+1} = 2e_t = \dfrac{2\gamma\phi}{(\alpha - \gamma)\left(\dfrac{w^M}{w^F} + 1\right)}$，这说明一国越注重孩子数量（$\alpha$ 越大），员工获得的教育越少（h 越小）；一国越注重孩子教育（γ 越大），女性工资（w^F）相对男性工资（w^M）越高，或抚养孩子的时间成本越高（ϕ 越大），员工获得的教育越多（h 越大）。将 h 的微观决定因素与命题 4 相结合，可得到命题 5。

命题 5：开放经济中，一国越注重孩子数量（α 越大），该国市场中存活企业的平均生产率 $\tilde{A}$ 和出口竞争力 $\varPhi_X$ 越低；一国越注重孩子教育（γ 越大），抚养孩子的时间成本越高（ϕ 越大），或女性工资（w^F）相对男性工资（w^M）越高，该国市场中存活企业的平均生产率 $\tilde{A}$ 和出口竞争力 $\varPhi_X$ 越高。

由于现实中并不存在完全封闭的经济，也观察不到一国企业生产率的临界值 A^*，因此，理论模型得到的命题 1 至命题 3 无法直接检验。本文第 4 章～第 6 章的实证部分将针对命题 4 进行检验，若命题 4 成立，即证明理论模型的假设及其推断（企业人力资本 h 决定生产率分布形状参数 a；h 越高，企业越有可能抽取到高水平

的生产率）正确。对于命题5，由于无法观测到效用函数，因此不能使用实证，本书将在第7章采用数值模拟验证命题5。

本书模型的框架结构来自梅里兹（2003），考虑了家庭最优支出选择及其对企业人力资本的作用后，本书的结论与梅里兹（2003）有极大差别。梅里兹（2003）认为投入要素 L 及行业需求 $X_j(X_j = \beta_j wL)$ 不影响生产率临界值 A^*，由于 A^* 决定企业平均收入 $\bar{r}(A^*)$，因此投入要素 L 和行业需求 X_j 不影响企业平均收入 $\bar{r}(A^*)$。根据 $X_j = R_j = M\bar{r}(A^*)$，要素 L 增加带来行业需求 X_j 和行业收入 R_j 增加，但企业平均收入 $\bar{r}(A^*)$ 不变，因此行业内产品数 M 等比例增加，由于每企业只生产一种产品，M 增加也意味着行业内企业数量增加；另外，梅里兹（2003）认为投入要素 L 增加不影响企业的生产率分布 $G(A)$。本书认为，企业生产的投入要素为人力资本，命题3至命题5说明，人力资本 h 影响企业生产率临界值 A^* 及市场的平均生产率 $\tilde{A}$，进而影响企业平均收入 $\bar{r}(A^*)$。根据 $Y = \dfrac{L}{2}h\dfrac{(w^M + w^F)}{1+\alpha}$ 和 $X_j = \beta_j Y$ 可知，随人力资本 h 增加，一国收入 Y 和行业需求 X_j 增加。根据 $X_j = R_j = M\bar{r}(A^*)$，行业需求 X_j 和行业收入 R_j 增加后，由于 $\bar{r}(A^*)$ 变动，产品种类数（或市场中企业数）M 如何变动不确定。

3.3.3 开放经济的市场均衡：异质性国家的解

虽然同质性国家的假设下，本书得到了唯一解析解[1]，但该假设认为各国均相同，明显与现实不符，为此本部分放松假设，考虑异质性国家的情况。根据赫尔普曼等（Helpman et al.，2004）的建模思路，假设世界上有两个国家，本国 i 和另一个国家 n（考虑将世界上除本国 i 之外的所有国家以适当的方式加总成国家 n），两个国家并不相同，因此 $P_i \neq P_n$，$Y_i \neq Y_n$，从而 $B_i \neq B_n$。此时市场均

----
[1] 见式（3.25）。

衡的条件为：

$$B_n \tau^{1-\sigma} (A_X^*)^{\sigma-1} = f_X \tag{3.27}$$

$$B_i (A^*)^{\sigma-1} = f \tag{3.28}$$

$$J(A^*)f + J(A_X^*)f_X = \delta f_E \tag{3.29}$$

式（3.27）和式（3.28）为两个零利润（ZCP）条件，式（3.29）为市场自由进出（FE）条件。式（3.28）除以式（3.29）可得：

$$\left(\frac{A^*}{A_X^*}\right)^{\sigma-1} \left(\frac{B_i}{B_n}\right) \left(\frac{1}{\tau}\right)^{1-\sigma} = \frac{f}{f_X} \Rightarrow \left(\frac{A^*}{A_X^*}\right)^{\sigma-1} = \left(\frac{f}{f_X}\right)(\tau)^{1-\sigma}\left(\frac{B_n}{B_i}\right)$$
$$\tag{3.30}$$

根据式（3.8）和式（3.10）可知，$B_n = \dfrac{(\sigma-1)^{\sigma-1}}{\sigma^\sigma}C_n$，其中 $C_n = X_n P_n^{\sigma-1}$，$P_n = \left[\int_{\omega \in \Omega_n} p(\omega)^{1-\sigma}\mathrm{d}\omega\right]^{\frac{1}{1-\sigma}}$，而 $B_i = \dfrac{(\sigma-1)^{\sigma-1}}{\sigma^\sigma}C_i$，其中 $C_i = X_i P_i^{\sigma-1}$，$P_i = \left[\int_{\omega \in \Omega_i} p(\omega)^{1-\sigma}\mathrm{d}\omega\right]^{\frac{1}{1-\sigma}}$，从而得到 $\dfrac{B_n}{B_i} = \dfrac{C_n}{C_i} = \dfrac{X_n P_n^{\sigma-1}}{X_i P_i^{\sigma-1}}$，将其代入式（3.30）可得：

$$\frac{A^*}{A_X^*} = \left(\frac{f}{f_X}\right)^{\frac{1}{\sigma-1}} \left(\frac{1}{\tau}\right) \left(\frac{X_n P_n^{\sigma-1}}{X_i P_i^{\sigma-1}}\right)^{\frac{1}{\sigma-1}}$$
$$\Rightarrow \frac{1}{A_X^*} = \frac{1}{A^*}\left(\frac{f}{f_X}\right)^{\frac{1}{\sigma-1}} \left(\frac{1}{\tau}\right) \left(\frac{X_n P_n^{\sigma-1}}{X_i P_i^{\sigma-1}}\right)^{\frac{1}{\sigma-1}} \tag{3.31}$$

将式（3.31）代入式（3.29），可得到市场均衡时生产率的临界值 A^*：

$$\ln(A^*) = h\left[\ln\left(\frac{\sigma-1}{\frac{1}{h}-(\sigma-1)}\right) + \ln\left(\frac{f + \left(\frac{X_n}{X_i}\right)^{\frac{1}{h(\sigma-1)}} \left(\frac{P_n}{P_i}\right)^{\frac{1}{h}} (D\tau)^{-\frac{1}{h}}f_X}{\delta f_E}\right)\right]$$
$$\tag{3.32}$$

其中，$D = \left(\dfrac{f_X}{f}\right)^{\frac{1}{\sigma-1}}$。式（3.32）推导过程见附录 A。比较式

（3.32）与式（3.25）（同质性国家时生产率的临界值 A^*），可发现式（3.32）中括号里第二个对数函数，增加了 $\left(\dfrac{X_n}{X_i}\right)^{\frac{1}{h(\sigma-1)}}\left(\dfrac{P_n}{P_i}\right)^{\frac{1}{h}}$ 两项。为分析新增项的影响因素，假设 n 国不变，仅 i 国变化：

由于 $X_i = \beta Y_i$，根据式（3.5）$Y_i = \dfrac{L}{2}h\dfrac{(w^M+w^F)}{1+\alpha}$，可知 i 国家庭越偏好孩子的数量（α 越大），Y_i 越小，从而导致 X_i 越小，但 i 国家庭对孩子教育的偏好（γ）不影响 Y_i 和 X_i。

由于 $P_i = \left[\displaystyle\int_{\omega\in\Omega_i} p(\omega)^{1-\sigma}\mathrm{d}\omega\right]^{\frac{1}{1-\sigma}} = M^{\frac{1}{1-\sigma}}\left[\dfrac{1}{1-h(\sigma-1)}\right]^{\frac{1}{1-\sigma}}\left(\dfrac{\sigma}{\sigma-1}\right)$

（证明过程见附录A），对于中间的幂函数 $\left[\dfrac{1}{1-h(\sigma-1)}\right]^{\frac{1}{1-\sigma}}$，幂部分 $\dfrac{1}{1-\sigma}<0$ 使函数为减函数，当 h 增加而使底数 $\dfrac{1}{1-h(\sigma-1)}$ 增加时，幂函数值降低，保持 $M^{\frac{1}{1-\sigma}}$ 和 $\left(\dfrac{\sigma}{\sigma-1}\right)$ 不变，这将使 P_i 减少。对于 P_i 中的第一项 $M^{\frac{1}{1-\sigma}}$，由于 h 增加可影响生产率临界值 A^* 和企业平均收入 $\bar{r}(A^*)$，因此 h 增加导致行业收入 R_j 增加时，根据 $R_j = M\bar{r}(A^*)$，企业平均收入 $\bar{r}(A^*)$ 的变化导致 M 的变动不确定，这使得 P_i 的变动也不确定。

由于 P_i 变动不确定，根据式（3.32），i 国人力资本 h 增加后，企业生产率临界值 A^* 的变动不确定；根据 $\tilde{A} = \left[\dfrac{1}{1-h(\sigma-1)}\right]^{\frac{1}{\sigma-1}}$ (A^*)，市场中存活企业的平均生产率 $\tilde{A}$ 变动不确定；根据 $\Phi_X = \dfrac{1-G(A_X^*)}{1-G(A^*)} = \left(\dfrac{A^*}{A_X^*}\right)^{\frac{1}{h}} = \left[\left(\dfrac{f}{f_X}\right)^{\frac{1}{\sigma-1}}\left(\dfrac{1}{\tau}\right)\left(\dfrac{X_n}{X_i}\right)^{\frac{1}{\sigma-1}}\left(\dfrac{P_n}{P_i}\right)\right]^{\frac{1}{h}}$，$i$ 国企业的出口竞争力 Φ_X 变动不确定。

在异质性国家的假设下，本书无法得到前文中命题4的肯定结论。现实经济中，一国人力资本 h 增加后，市场存活企业的平均生产率 $\tilde{A}$ 和国家出口竞争力 Φ_X 会如命题4预测的随之增加，还是由

于受一般价格水平 P_i 的影响而随之减少，这需要通过实证检验来获得明确结论。

3.4 本章结论

本章构建了一个静态均衡模型。首先从家庭最优支出模型入手，探讨了微观家庭中影响子女教育投入的因素。假定子女教育投入被 1∶1 转化为下一代人的人力资本，即以教育水平衡量的员工素质。员工素质是企业人力资本重要构成，决定了企业抽取的异质性生产率，进而影响了企业出口竞争力。

本章发现，在同质性国家假设下，一国企业人力资本越高，市场中存活企业平均生产率 $\tilde{A}$ 越高，该国企业出口竞争力 Φ_X 越高（命题 4）；一国越注重孩子数，该国市场中存活企业的平均生产率 $\tilde{A}$ 和出口竞争力 Φ_X 越低，一国越注重孩子教育，抚养孩子的时间成本越高，或女性工资相对男性工资越高，该国市场中存活企业的平均生产率 $\tilde{A}$ 和出口竞争力 Φ_X 越高（命题 5）。但在异质性国家条件下，静态模型无法得到具体的解析解，人力资本作用不明确。针对这一问题，本书将在第 4 章至第 6 章使用世界银行 2005 年中国企业投资环境调查数据，采用实证检验的方法探讨异质性国家条件下，是否"一国企业人力资本越高，市场中存活企业平均生产率 $\tilde{A}$ 越高，该企业出口竞争力 Φ_X 越高"，即命题 4 的真伪。

对于命题 5，本书将在第 7 章将模型动态化拓展后，采用数值模拟方法予以检验。

第 4 章

劳动力教育结构对制造业
企业生产率的影响

本章将使用世界银行 2005 年中国企业投资环境调查数据，检验第 3 章命题 4 提出的"开放经济中，一国企业人力资本越高，市场中存活企业的平均生产率 $\tilde{A}$ 越高"这一结论。与前两章一致，本章从员工素质和高管能力两方面衡量企业人力资本；员工教育或高管教育越高，企业员工素质或高管能力越强，企业人力资本水平越高。本章将首先介绍世界银行 2005 年中国企业投资环境调查的主要内容，然后基于该数据检验劳动力教育对企业生产率的影响。

4.1 世界银行 2005 年中国企业投资环境调查

世界银行对新兴发展中国家（非农业部门）企业的调查分两类，早期为投资环境调查（investment climate survey），2002 年开始转变为企业调查（enterprise survey），并于 2005～2006 年统一各国企业调查内容，希望以统一口径衡量各国企业的运营状况。

如表 4.1 所示，世界银行对中国企业的调查进行过三期，前两期属于投资环境调查，2012 年进行的第三期调查属于企业调查。世界银行对中国企业最早的投资环境调查始于 2001 年，在北京、天津、上海、广州和成都五地市调查了 1500 家企业（每地市 300 家），包括制造业企业 998 家，服务业企业 502 家，2002 年世界银行又对这批企业进行了回访。世界银行 2005 年对中国进行了第二轮投资环境调查，涉及除西藏外的 30 个省区市共 120 个地市的 12400 家企业，全部为制造业企业；调查涉及企业 2002~2004 年运营，但主要还是针对 2004 年[①]。2012 年进行的第三期企业调查，虽然具有全球可比性，但相对于投资环境调查，其内容相对简单（尤其在企业内部管理方面），涉及变量较少。本书将使用 2005 年投资环境调查数据，检验第 3 章相关结论。

表 4.1　　　　　世界银行对中国企业的三期调查

名称	调查期间	主要内容
2001～2002 年投资环境调查	1998～2001 年	5 个地市共 1500 家企业（998 家制造业企业和 502 家服务业企业）
2005 年投资环境调查	2002~2004 年	120 个地市共 12400 家制造业企业
2012 年中国企业调查	2011 年	25 个地市共 2848 家企业（民营企业 2700 家，国有企业 148 家，其中民营制造业企业 1693 家）

我国使用世界银行调查数据进行的研究主要集中于两方面：一是企业融资约束（陈兴，2017；蒋冠宏，2016；凌江怀和匡亚文，2016；罗长远和李姝醒，2014；盛丹和王永进，2013；孙灵燕和李荣林，2011），其中蒋冠宏（2016）、孙灵燕和李荣林（2011）探讨了融资约束对企业出口的影响；二是企业研发创新（李雪灵等，2012；崔维军等，2017；许和连和成丽红，2016）。另外，余林徽

---

① 有文献使用过世界银行 2003 年对中国 18 地市 2400 家企业（1616 家制造业企业和 784 家服务业企业）进行的投资环境调查数据，如孙灵燕和李荣林（2011）、余林徽等（2013）。但世界银行 2013 年在其主页撤下了该批调查数据，因此本书并未将其统计在内。

等（2013）研究了经济制度对我国企业生产率的影响。我国利用世界银行数据研究劳动力的文献只有三篇：一是林志帆和赵秋云（2015）用2012年数据探讨了金融抑制对劳动收入份额的作用，二是吕铁和王海成（2015）研究了劳动力管制对企业技术创新的影响，三是魏下海和董志强（2014）研究了商业制度对劳动者工资的作用。

总结已有文献可知，基于世界银行数据检验劳动者教育对企业出口的作用，目前仍为空白，本书将利用2005年数据展开研究，填补这一空白。

4.1.1 世界银行2005年投资环境调查的主要内容

世界银行2005年调查了我国12400家制造业企业，涉及除西藏外共30个省区市的120个地市，其中北京、上海、天津和重庆4个直辖市各抽取200家企业，其余地市各抽取100家企业。这些企业中21.89%为国有（含集体）企业，63.68%为民营企业，剩下的14.43%为外资企业①。

世界银行调查时发放给企业的问卷分两部分：第一部分关于企业的管理，由经理人完成；第二部分关于企业财务和人力信息，由会计和人力经理共同完成。第一部分包括十方面内容：（1）企业基本信息；（2）阻碍企业成长的投资环境因素；（3）和客户（批发商和零售商）关系；（4）和原材料供应商的关系；（5）企业内部劳动激励和社会保障措施；（6）政府为企业提供的基础设施及服务（水、电、气和网络等）；（7）企业开展国际贸易的条件（进出口通关时间等）；（8）融资情况；（9）总经理和董事会信息；（10）企业和政府关系。第二部分包括三方面内容：（1）所有权结构；

---

① 本书根据2004年所有权结构将企业划分为三类：一是国有（含集体）企业（问卷问题AA11加AA12后份额超过50%），二是民营企业（问卷问题AA13加AA14后份额超过50%），三是外资企业（问卷问题AA15超过50%）。若三类企业份额均未超过50%，按份额最高者判定企业性质；若有两类企业各占50%，则优先判定为外资企业，其次是国有企业（因为民营股份很难影响企业运营）。

（2）2002～2004 年主要财务信息；（3）企业劳动力信息。本书将利用劳动力信息中提供的劳动者教育指标及农民工使用指标，分析其对企业出口的作用。

借鉴茹玉骢和李燕（2014）的方法，本书首先整理了 2005 年调查企业的行业分布及出口情况，如表 4.2 所示。由表 4.2 可知，世界银行调查了制造业 30 个细分行业，既包括纺织业、服装业、制鞋业和家具制造业等传统劳动密集型行业，也包括计算机、通信和电子设备等高端制造业行业。表 4.2 第三列为各行业调查的企业数，第四列为被调查企业中有出口行为的企业数，第五列是第四列与第三列之比，统计了各行业企业参与出口的概率。可以看出，各行业企业出口参与具有显著异质性，全样本 12400 家企业中共有 4673 家企业参与了出口，占 37.69%。出口参与最高的行业是金属制品、机械和设备维修业，调查了 3 家企业且全部有出口，故为 100%；传统劳动密集型行业出口参与度明显高于平均水平，其中纺织业为 51.68%，服装业为 73.3%，制鞋业为 79.14%。出口参与最低的行业为印刷业 6.45%，另外典型的重工业行业出口参与也较低，如石油加工业 17.03%，黑色金属冶炼业 19.17%。考虑到企业参与出口的比例与所在行业密切相关，本书实证中控制了企业所属行业哑变量。

表 4.2　　　　　　　　企业的行业分布和出口情况

行业代码	行业名称	企业数量（家）	出口企业数量（家）	出口企业占比（%）
13	农副食品加工业	969	273	28.17
14	食品制造业	243	75	30.86
15	酒、饮料和精制茶制造业	178	27	15.17
16	烟草制品业	46	17	36.96
17	纺织业	952	492	51.68
18	纺织服装、服饰业	206	151	73.30

行业代码	行业名称	企业数量（家）	出口企业数量（家）	出口企业占比（%）
19	皮革、毛皮、羽毛及其制品和制鞋业	139	110	79.14
20	木材加工和木、竹、藤、棕、草制品业	141	54	38.30
21	家具制造业	55	27	49.09
22	造纸和纸制品业	235	33	14.04
23	印刷和记录媒介复制业	62	4	6.45
24	文教、工美、体育和娱乐用品制造业	41	32	78.05
25	石油加工、炼焦和核燃料加工业	182	31	17.03
26	化学原料和化学制品制造业	1441	509	35.32
27	医药制造业	426	130	30.52
28	化学纤维制造业	47	18	38.30
29	橡胶和塑料制品业	21	10	47.62
30	非金属矿物制品业	329	116	35.26
31	黑色金属冶炼和压延加工业	1299	249	19.17
32	有色金属冶炼和压延加工业	491	123	25.05
33	金属制品业	345	133	38.55
34	通用设备制造业	366	164	44.81
35	专用设备制造业	1077	410	38.07
36	汽车制造业	486	196	40.33
37	铁路、船舶、航空航天和其他运输设备制造业	989	318	32.15
39	计算机、通信和其他电子设备制造业	864	397	45.95
40	仪器仪表制造业	598	452	75.59
41	其他制造业	60	36	60.00
42	废弃资源综合利用业	109	83	76.15
43	金属制品、机械和设备修理业	3	3	100.00
	总计	12400	4673	37.69

本书进一步按所有权类型和地理区域①分析了调查企业出口情况，如表 4.3②所示。由表 4.3 可知：第一，2005 年调查的企业以民营企业为主，占 63.68%，其次是国有企业 21.89%，外资企业仅占 14.43%。第二，三类企业中，国有企业分布最均匀，东部的国有企业数仅略多于中部和西部；外资企业分布最不均匀，东部外资企业数约占外资企业调查总数 80%。第三，无论是外资、民营还是国有企业，都是位于东部的企业比重最高，这一方面与本次调查选取的城市有关，另一方面反映了东部地区经济发达。

表 4.3　　　　　　　企业所有权类型—区域分布和出口

企业类型	区域	企业数量（家）	企业数量占比（%）	出口企业数量（家）	出口企业占比（%）
国有企业	东部	1081	8.72	402	37.19
	中部	923	7.44	200	21.67
	西部	710	5.73	166	23.38
民营企业	东部	3691	29.77	1575	42.67
	中部	2443	19.70	582	23.82
	西部	1762	14.21	403	22.87
外资企业	东部	1427	11.51	1169	81.92
	中部	234	1.89	122	52.14
	西部	128	1.03	53	41.41
合计		12399	100.00	4672	37.68

与表 4.2 相同，表 4.3 "出口企业占比" 一列由出口企业数

① 根据 1986 年和 1997 年全国人大会议决议，我国东部地区包括 11 个省份，分别为北京市、天津市、河北省、辽宁省、上海市、江苏省、浙江省、福建省、山东省、广东省和海南省，中部地区包括 10 个省份，分别为山西省、内蒙古自治区、吉林省、黑龙江省、安徽省、江西省、河南省、湖北省、湖南省和广西壮族自治区，西部地区包括 10 个省份，分别为四川省、重庆市、贵州省、云南省、西藏自治区、陕西省、甘肃省、青海省、宁夏回族自治区和新疆维吾尔自治区。
② 由于一家出口企业未提供所有权信息，因此表 4.3 合计的总企业数为 12399，出口企业数为 4672，比表 4.2 中少一家。

（第五列）除以调查企业数（第三列）获得。可以看出，无论哪种类型企业，都是我国东部地区出口企业占比最高，地处东部的企业中，81.92%的外资企业参与出口，42.67%的民营企业参与出口，37.19%的国有企业参与出口。孙灵燕（2011）指出，由于大宗货物出口需要海运，而我国东部沿海地区港口众多，适合利用海运发展出口贸易，因此东部企业多参与出口。另外，从表4.3最后一列可观察到，三类企业无论在东部、中部还是西部，都是外资企业出口参与度最高。外资企业在我国西部参与出口的概率41.41%，高于东部地区国有企业出口参与度（37.19%）。唐宜红和林发勤（2009）、孙灵燕和李荣林（2011）指出，外资企业进入一国，主要是为利用该国廉价的劳动力等资源，加工或组装产品以再出口至其他国家，因此，外资企业参与出口概率更高。

4.1.2　世界银行2005年调查企业的劳动力教育结构

世界银行发放给企业经理的问卷中，包括对总经理教育水平的调查（I1），发放给会计和人力经理的问卷中，有关于企业规模、员工教育和人员构成等问题的调查（AC11～AC39），两者共同刻画了企业劳动力结构（主要是教育结构）。

由于总经理教育选项为降序排列（1为硕士及以上，7为没有接受过正规教育），不方便构建交互项检验，本书将总经理教育改为升序排列（1为没有接受过正规教育，2为小学，3为初中，4为高中，5为大专，6为大学本科，7为硕士及以上）。与总经理教育的序数排列不同，员工教育调查时设置了两个问题：一是员工总数中完成高中及以上教育的人数占比，二是员工总数中完成大专及以上教育的人数占比。问卷还调查了正式工、临时工的人数占比，以及临时工中农民工使用比重。

本书按企业性质不同，分别分析了调查企业的劳动力结构。

（1）国有企业。表4.4给出2714家国有企业劳动力结构相关变量的均值，并按企业是否出口分组对比：2714家国有企业中768

家有出口活动，占比 28.3%；全样本中国有企业平均规模为 1641 人，参与出口的国有企业平均规模为 4007 人，是全样本均值的两倍多，非出口企业平均规模仅为 707 人，企业规模差异表现了出口企业异质性（Bernard et al.，2011）；总经理教育方面，虽然出口企业略高于非出口企业，但两者差距不明显，平均来看，总经理教育水平在大学专科至本科层次；员工教育方面，出口企业（高中 57.01%，大专 19.25%）明显高于非出口企业（高中 50.47%，大专 18.21%）[①]；另外，有出口行为的国有企业正式工占比（87.12%）明显高于非出口企业（81.28%），临时工占比和农民工占比则更低。

表4.4	国有企业劳动力结构（均值）		
劳动力结构	全样本	出口企业	非出口企业
企业数量（家）	2714	768	1946
企业规模（人数）	1641	4007	707
总经理教育（序数排列）	5.69	5.98	5.57
高中及以上员工占比（%）	52.32	57.01	50.47
大专及以上员工占比（%）	19.25	21.89	18.21
正式工占比（%）	82.93	87.12	81.28
临时工占比（%）	16.96	12.78	18.61
农民工占临时工比例（%）	20.28	18.89	20.83

（2）民营企业。表4.5 给出 7896 家民营企业劳动力结构相关变量的均值，并按企业是否出口分组对比：7896 家民营企业中 2560 家有出口活动，占比 32.42%；全样本中民营企业平均规模为 670 人，参与出口的民营企业平均规模为 1253 人，约全样本均值的两倍，非出口企业平均仅为 391 人，企业规模差异再次体现了出口企业异质性

---

① 根据第 1 章表 1.3 统计，2000 年制造业企业劳动力高中及以上占比为 28.59%，大专及以上占比为 5.81%，2010 年两个指标分别为 29.88% 和 9.82%，世界银行调查数据明显高于《中国劳动统计年鉴》给出数据。世界银行只调查 5 人及以上企业，可能是造成这种向上的偏误的原因。

(Bernard et al. , 2011); 总经理教育方面, 出口企业 (5.67) 略高于非出口企业 (5.34), 两者差距不明显, 平均来看总经理教育水平在大学专科至本科层次; 员工教育方面, 出口企业 (高中 49.65%, 大专 18.98%) 明显高于非出口企业 (高中 46.25%, 大专 16.67%); 另外, 有出口的民营企业正式工占比 (78.29%) 明显高于非出口企业 (73.75%), 但两者使用农民工的情况差距并不明显 (出口企业 34.47%, 非出口企业 34.88%)。

表 4.5 民营企业劳动力结构 (均值)

劳动力结构	全样本	出口企业	非出口企业
企业数量 (家)	7896	2560	5336
企业规模 (人数)	670	1253	391
总经理教育 (序数排列)	5.45	5.67	5.34
高中及以上员工占比 (%)	47.35	49.65	46.25
大专及以上员工占比 (%)	17.42	18.98	16.67
正式工占比 (%)	75.22	78.29	73.75
临时工占比 (%)	24.69	21.59	26.18
农民工占临时工比例 (%)	34.75	34.47	34.88

(3) 外资企业。表 4.6 给出 1789 家外资企业劳动力结构相关变量的均值, 并按企业是否出口分组对比: 1789 家外资企业中 1344 家有出口活动, 占比 75.13%; 全样本中外资企业平均有约 1128 人, 有出口活动的外资企业平均为 1320 人, 略高于全样本均值, 非出口企业平均约 547 人, 不到全样本均值一半, 由此可知, 出口企业的规模异质性在外资企业中并不突出; 总经理教育方面, 出口企业 (5.98) 低于非出口企业 (6.00), 但两者差距并不明显; 员工教育方面, 出口企业 (高中 54.9%, 大专 19.89%) 同样低于非出口企业 (高中 63.06%, 大专 29.14%); 另外, 有出口行为的外资企业正式工占比 (80.72%) 要低于非出口企业 (83.9%), 农民工使用则更多 (出口企业 25.91%, 非出口企业 21.74%)。

表 4.6　　　　　　　　外资企业劳动力结构（均值）

劳动力结构	全样本	出口企业	非出口企业
企业数量（家）	1789	1344	445
企业规模（人数）	1128	1320	547
总经理教育（序数排列）	5.99	5.98	6.00
高中及以上员工占比（%）	56.93	54.90	63.06
大专及以上员工占比（%）	22.19	19.89	29.14
正式工占比（%）	81.51	80.72	83.90
临时工占比（%）	18.34	19.18	15.81
农民工占临时工比例（%）	24.87	25.91	21.74

　　比较表 4.4 至表 4.6 的全样本均值可发现：第一，企业的人力资本，无论以总经理教育衡量，还是员工教育衡量，都是外资企业最高，国有企业居中，民营企业最低；第二，从企业规模上看，外资企业和国有企业要明显大于民营企业；第三，从企业使用的临时工和农民工来看，民营企业占比最高，外资企业和国有企业明显低于民营企业。

　　这是否意味着外资企业的高出口参与（1789 家外企中有 1344 家参与出口，占比高达 75.13%）来自其人力资本优势？表 4.6 分组比较显示并非如此。表 4.6 中，不参与出口的外资企业总经理教育略高于有出口的外资企业，而员工教育则是不参与出口的外资企业明显更高。另外，有出口的外资企业比不参与出口的外资企业临时工和农民工占比更高。表 4.6 的分组比较印证了唐宜红和林发勤（2009）、孙灵燕和李荣林（2011）的结论，外资企业进入一国，主要是为利用该国廉价的劳动力等资源，加工或组装产品以再出口至其他国家。

　　表 4.4 和表 4.5 的分组比较显示，国有企业和民营企业中，无论以总经理教育衡量人力资本，还是员工教育衡量人力资本，参与出口企业的人力资本明显高于非出口企业；参与出口企业的临时工占比或农民工占比则明显低于非出口企业。此外，国有企业和民营

企业中，出口企业的规模异质性现象（Bernard et al.，2011）也更加突出。表4.7归纳了三类企业中出口企业占优势的劳动力结构项目。

表4.7　劳动力结构中出口企业占优势的项目（和非出口企业相比）

	企业规模	总经理教育	员工教育	临时工占比	农民工占临时工比例
国有企业	√	√	√		
民营企业	√	√	√		
外资企业	√			√	√

4.2　劳动力教育结构对制造业企业生产率的影响

4.2.1　构建模型

世界银行2005年投资环境调查数据为截面数据，适合采用OLS估计，余林徽等（2013）即以OLS方法研究了世界银行2003年的截面数据。本书基于余林徽等（2013）的企业生产率决定模型，将以员工教育和总经理教育衡量的人力资本因素纳入模型，并结合中国企业生产的现实情况，建立计量模型如下：

$$TFP_{csi} = \beta_0 + \beta_1 HUM_{csi} + X'_{csi}\beta_2 + province + industry + \varepsilon_{csi}$$

其中，TFP_{csi}为城市c、行业s企业i的全要素生产率（以LP方法衡量）；HUM_{csi}为企业i的人力资本水平，包括员工教育（EDU）和总经理教育（GMedu）；X'_{csi}表示一系列控制变量；$province$和$industry$分别为省份哑变量和行业哑变量，说明了省份及行业特征，由于各省份或各行业间生产率普遍存在差异，因此加入哑变量控制省份与行业的非观测效应；ε_{csi}为误差项，考虑到各省份内有相同行业管理机构但各省份间环境禀赋有差异，回归中本书使用了省份—行业聚类稳健标准差，允许误差项在各省份同行业内自相关。

　　为保证得到稳健的估计结果，本书加入了企业规模等控制变量。

　　（1）企业规模。根据马歇尔规模经济（Marshall，1920）的概念，企业扩大规模可降低劳动成本，提高生产能力；熊彼特的创新理论（Schumpeter，1942）认为，大企业是技术创新的最主要来源。企业规模越大融资渠道越多，越有能力筹集资金购买先进设备、进行高风险技术创新或组织员工职业培训，这都有利于生产率提高（姚洋和章奇，2001；Sleuwaegen & Goedhuys，2002）。也有学者（Fernandes，2007）指出，规模过大将使企业内部结构臃肿，组织和协调成本上升，谢勒（Scherer，1965）则认为随规模扩张，企业研发投入未必总能带来产出增长，这使企业规模与生产率的关系具有不确定性。因此本书加入了企业规模变量，使用我国微观数据检验两者的关系。

　　（2）企业组织管理。赛弗森（Syverson，2011）指出企业的组织管理，如企业年龄和决策权设置等因素可从内部直接影响生产效率。布洛姆和雷宁（Bloom and Reenen，2010）认为欧洲企业生产率下滑是由企业内权力过于集中引起（权力集中不利于采用新生产技术）。麦克米兰和伍德拉夫（Mcmillan and Woodruff，2002）认为新成立的企业可以更好满足用户需求，因此效率更高。余林徽等（2013）使用世界银行 2003 年调查数据发现，我国企业成立时间越久，生产率越低。雷明（1997）和周卫民（2009）指出应重视企业内管理要素对生产率的影响。结合世界银行 2005 年调查内容，本书从总经理工作年限、员工工作时间和企业年龄三方面考察了组织管理因素对生产率的影响。

　　（3）资本密集度。赛弗森（2011）指出实物资本质量与人力资本质量都影响企业生产率，但由于缺乏标准衡量方法，资本质量的作用常被忽略。萨凯里斯和威尔逊（Sakellaris and Wilson，2004）认为实物资本投入越晚（即越新），质量越高，通过计算加权的实物资本投入，研究了实物资本对企业技术进步的作用。王林辉和董直庆（2012）认为新增机器设备投资使资本质量提高并带来技术进步，以中国为代表的发展中国家可通过进口机器设备提高企业生产率，但这需要匹配合意的技术结构和经济环境。另外，资本从劳动密集型的轻工业转向资本密集型的重工业，缓解了资本要素与产业结构错配问题，促进了生产率增长（朱钟棣和李小平，2005）。综上所述，本书认为以资本劳动比（lnklr）衡量的资本密集度越高，企业生产率越高。

（4）外资比重。学者发现外资进入中国可提高地区及行业全要素生产率（沈坤荣，1999；王红玲，2001），王志鹏和李子奈（2003）基于工业企业数据发现外资参股比例提高有助于提高企业生产率。张建波和张丽（2012）认为我国早期引入外资是为解决国内资本稀缺，随国内资本日渐充裕，吸引外资的主要目的已转变为发挥其正向溢出作用，以外资带动国内企业生产率提高。外资进入对不同类型企业有何异质性影响，是近些年学者讨论的热点。俞萍萍和廖利兵（2014）提出外资对中西部企业生产率有正向作用，杨振和李陈华（2013）认为西方国家外资进入提高了我国国有企业的生产率，抑制了私营企业的生产率。为明确外资资本对我国不同类型企业的作用，本书在控制变量中加入了外资比重。

（5）研发创新。本书在综述部分总结了国外学者对"研发创新促进企业生产率"的研究。国内学者对研发创新的作用尚存在争议，孔东民和庞立让（2014）认为研发对生产率提升具有滞后性，特别是在民营企业，不但不能提高当期生产率，还可能降低生产率。李静等（2013）认为研发对生产率的正向溢出作用在东部地区明显高于中西部地区，溢出作用在国有企业非常突出。为此，本书控制了企业研发创新。

（6）制度因素。赛弗森（2011）指出，政府制度可从企业外部间接影响其生产率。余林徽等（2013）将经济制度分解为产权保护和契约执行两部分，发现前者对企业生产率有正向作用，后者对生产率作用不显著。毛其淋和许家云（2015）认为改善地区制度环境不仅直接提高了企业生产率，还间接强化了中间品贸易自由化对企业生产率的作用。因此，本书认为有必要控制制度因素，并预期制度改善可提高企业生产率。

（7）融资约束。国内学者普遍认为融资约束抑制了我国生产率增长。任曙明和吕镯（2014）以装备制造业为例，研究了融资约束对行业生产率的负面效应，提出政府补贴可抵消部分负面效应。何光辉和杨咸月（2012）研究了上市公司生产率，发现民营企业融资约束抑制了其生产率，高负债的民营企业所受约束最大。综上所述，本书认为有必要控制融资约束。

4.2.2　变量测度和统计特征

（1）企业生产率。本书采用莱文松和佩特林（Levinsohn and Petrin，2003）半参数法计算企业全要素生产率（TFP_LP），该方法可有效消除 OLS 回归中内生性问题和选择性偏误问题，其回归方程为：

$$y_t = \beta_0 + \beta_l l_t + \beta_k k_t + \beta_m m_t + \omega_t + \eta_t$$
$$= \beta_l l_t + \phi_t(k_t, m_t) + \eta_t$$

其中，$\phi_t(k_t, m_t) = \beta_0 + \beta_k k_t + \beta_m m_t + \omega_t(k_t, m_t)$。此处下标 t 为年份，y_t 为企业总收入，由主营业务收入（core business income）与其他收入（other business income）加总得到[1]，l_t 为劳动投入，以企业员工总人数（total employment）衡量[2]，k_t 为资本投入，以企业固定资产净值（net fixed assets）衡量[3]，m_t 为中间品投入，以原材料投入成本（raw materials）衡量[4]，ω_t 为所求的企业全要素生产率。各变量均取对数后进入回归方程。

（2）员工教育。调查问卷中有两个关于员工教育的问题：一是企业高中及以上学历人数占比，本书将其定义为 *EDU_1*，二是企业大专及以上学历人数占比，本书将其定义为 *EDU_2*。为避免企业生产率对员工教育的反向作用，本书采用滞后值（2002 年和 2003 年

---

① core business income 来自问卷问题 AB1101、AB1201 和 AB1301；other business income 来自问卷问题 AB1107、AB1207 和 AB1307。
② total employment 来自问卷问题 AC11、AC21 和 AC31。
③ net fixed assets 来自问卷问题 AB611、AB621 和 AB631。
④ raw materials 来自问卷问题 AB1104、AB1204 和 AB1304。

值取平均）衡量员工教育。

（3）总经理教育。问卷第一部分涉及总经理和董事会信息，其中问题 I1 调查了总经理教育（*GMedu*），由于选项为降序排列不利于交互项检验，本文进行了升序调整：1 为没有接受过正规教育，2 为小学，3 为初中，4 为高中，5 为大专，6 为大学本科，7 为硕士及以上。

（4）企业规模（ln*size*）。学者对企业规模的衡量有三个指标：一是销售收入（Axtell，2001；高凌云等，2014），二是总资产（Buckley et al.，2007；孙晓华和王昀，2014），三是企业人数（Liu & Buck，2007）。本书将采用第三个指标，以员工总人数（total employment）衡量企业规模。为避免生产率对企业规模的反向作用，本书采用滞后值（2002 年和 2003 年值取平均）衡量企业规模。

（5）企业组织管理。本书将以三个变量衡量企业管理，分别为：一是总经理工作年限（*GMyear*），问题 I2 调查了总经理在本职位的工作年限；二是员工工作时间（*Wkhour*），问题 E122 调查了员工每周平均工作小时数，选项为升序排列；三是企业年龄（*AGE*），问题 A1 调查了企业成立时间，企业年龄由"2004 – 成立时间 + 1"获得。

（6）资本密集度。本书使用对数资本劳动比（ln*klr*），即固定资产净值除以员工总人数后取对数，衡量资本密集度。为避免生产率对资本密集度的反向作用，本书采用滞后值（2002 年和 2003 年值取平均）衡量企业资本密集度。

（7）外资比重（*Foreignratio*）。本书使用外资在企业总资本中的比重（问题 AA15）衡量该变量。

（8）研发创新（*RD*）。为避免生产率对研发创新的反向作用，本书采用滞后值（2002 年和 2003 年值取平均）衡量企业研发活动，若 2002 年或 2003 年企业有研发支出（问题 AB73 和 AB72），则该变量取 1，否则为 0。

（9）制度因素（*DISPUTE*）。本书使用"过去 3 年政府和企业对法规是否有不同解释"（问题 J5）衡量政府制度对企业运营的干预，这是个 0 或 1 的哑变量，若有不同解释则取 1。

（10）融资约束。使用罗长远和李姝醒（2014）的方法[①]，本书以现金流与固定资产净值之比衡量企业内部融资约束（IFINANCE），其中现金流以企业总利润（total profits）[②] 衡量；以利息支付（interests expenditure）[③] 与固定资产净值之比衡量企业外部融资约束（EFINANCE）。企业现金流越多，IFINANCE 越高，说明企业内部融资约束越低；由于向银行借贷利率成本低，企业希望从银行获得借贷资金，因此银行利息支付越高，其外部融资约束越低。为避免生产率对融资约束的反向作用，本书采用滞后值（2002 年和 2003 年值取平均）衡量企业融资约束。

虽然关键变量已取滞后值，降低了互为因果的内生性问题，但仍可能由于遗漏变量带来内生性问题，因此实证中本书使用工具变量进行稳健性检验。

员工教育的工具变量为生育率。根据第 3 章家庭最优支出模型，家庭中存在"以质换量的权衡（QQ 替代）"，家庭中生育率越高，后代子女教育投入越低。因此本书使用生育率作员工教育的工具变量，生育率不适合做总经理教育的工具变量，因为总经理能力卓越，容易在地区间流动，不适合使用企业所在地生育率为其工具变量，地区生育率与员工教育负相关性更强。本书以各省区市平均出生率衡量生育率：1954 ~ 1959 年为 Avg50，1960 ~ 1965 年为 Avg60，1971 ~ 1979 年为 Avg70，1980 ~ 1989 年（中间缺 1986 年）为 Avg80，1990 ~ 1999 年为 Avg90[④]。

总经理教育的工具变量为各城市每个行业中总经理教育的平均值（GMedu_IV），余林徽等（2013）使用相同方法构建工具变量。

---

① 2005 年调查问卷中有 7 个问题直接关注企业融资（B107、B108、H2、H21、H31、H322 和 H4），但这些问题形成的变量都是截面数据，生产率和这批变量可能同时受到其他因素影响而表现出相关性，但这不能判定为因果关系，因而本书使用罗长远和李姝醒（2014）的方法构建融资约束变量。

② total profits 来自问卷问题 AB1114、AB1214 和 AB1314。

③ interests expenditure 来自问卷问题 AB1112、AB1212 和 AB1312。

④ 资料来自《中国人口统计年鉴》，部分缺失年份（1950 ~ 1953 年、1966 ~ 1970 年和 1986 年）年鉴并未统计。

单个企业生产率很难影响到城市中该行业总经理教育均值，且该均值与企业总经理的教育水平密切相关，因此工具变量适合。

各变量定义及来源如表4.8所示。

表4.8　　　　　　　　　变量定义和数据来源

变量名称	符号	定义和处理方式	数据来源
全要素生产率	TFP_LP	2004 年当年值，基于 LP 获得	2005 年投资环境调查
企业高中及以上人数占比	EDU_1	2002 年和 2003 年值取平均	2005 年投资环境调查
企业大专及以上人数占比	EDU_2	2002 年和 2003 年值取平均	2005 年投资环境调查
总经理教育	$GMedu$	2004 年值，升序排列	2005 年投资环境调查
企业规模	lnsize	员工总人数，2002 年和 2003 年值取平均	2005 年投资环境调查
总经理工作年限	$GMyear$	2004 年值	2005 年投资环境调查
员工工作时间	$Wkhour$	每周平均工作小时数，升序排列	2005 年投资环境调查
企业年龄	AGE	2004 – 成立时间 + 1	2005 年投资环境调查
资本密集度	lnklr	对数资本劳动比，2002 年和 2003 年值取平均	2005 年投资环境调查
外资比重	$Foreignratio$	2004 年值	2005 年投资环境调查
研发创新	RD	0/1 哑变量，2002 年或 2003 年有研发支出取 1	2005 年投资环境调查
制度因素	$DISPUTE$	0/1 哑变量，过去 3 年政府和企业对法规有不同解释取 1	2005 年投资环境调查
企业内源融资约束	$IFINANCE$	现金流（总利润）与固定资产净值之比；2002 年和 2003 年值取平均	2005 年投资环境调查

续表

变量名称	符号	定义和处理方式	数据来源
企业外源融资约束	*EFINANCE*	利息支付与固定资产净值之比；2002 年和 2003 年值取平均	2005 年投资环境调查
生育率	*Avg*50 ~ *Avg*90	各省区市平均出生率	中国人口统计年鉴
总经理教育的工具变量	*GMedu_IV*	各城市每个行业中总经理教育的平均值	2005 年投资环境调查
城市 GDP 密度	*GDPden*	2002 年和 2003 年值取平均	中国城市统计年鉴
人均 GDP 增长率	*Avglnpgdpro*54_99	1954 ~ 1999 年各省区市人均 GDP 先取对数再求平均	wind 数据库
人口迁入率	*Avgimmi*80_99	各省区市 1980 ~ 1999 年平均人口迁入率	1990 年中国人口统计年鉴；1990 年以来中国常用人口数据集
性别工资比	*Fetomwageratio*1990	各省区市 1990 年女性平均工资与男性平均工资之比	1990 年中国城市住户调查

考虑到工具变量估计时可能因遗漏宏观层面变量①而存在内生性，本书控制：

（1）城市 GDP 密度（*GDPden*），经济越发达，越可能吸引高教育水平的员工或总经理，且发达地区企业间生产率相互影响，存在空间溢出效应。为避免生产率对城市 GDP 的反向作用，本书采用滞后值（2002 年和 2003 年值取平均）衡量城市 GDP 密度②。

（2）人均 GDP 平均增长率（*Avglnpgdpro*54_99），衡量省区市

---

①　企业微观层面变量已控制，但仍可能存在省市一级宏观层面的变量，同时影响企业生产率和员工及总经理的教育水平，如过去的经济增长率、城市现在的 GDP 水平等，因此将其作为控制变量。

②　*GDPden* 数据来自 2003 年和 2004 年《中国城市统计年鉴》。

过去的经济增长，曾毅等（2010）指出经济增长与生育率负相关[①]，生育率并非完全的外生变量。本文将 1954 ~ 1999 年各省（市区）人均 GDP 先取对数再求平均，衡量该变量，数据来自 wind 数据库。

（3）人口迁入率（*Avgimmi*80_99）。改革开放后，我国逐渐放松户籍管制，允许人口跨省流动（主要从农村流向城市），这造成一省市员工教育可能与其他省市生育率相关。因此本文以省为单位，控制了 1980 ~ 1999 年平均人口迁入率。

（4）性别工资比（*Fetomwageratio*1990）。根据第 3 章理论建模可知，女性相对工资越高，生育率越低而后代子女教育投入越多，因此性别工资影响员工教育，性别工资同时影响女性劳动供给和企业生产，因此需控制该变量。本文基于 1990 年中国城市住户调查数据计算了各省（市区）女性工资与男性工资之比。

表 4.9 给出变量的统计性描述。

表 4.9 变量的统计性描述

符号（单位）	样本量	均值	标准差	最小值	最大值
TFP_LP	12272	6.61	1.24	1.70	11.67
EDU_1	12394	0.47	0.27	0	1
EDU_2	12394	0.17	0.17	0	1
GMedu	12380	5.58	1.00	1	7
ln*size*	12393	5.52	1.50	1.61	11.76
GMyear	12378	6.38	4.71	1	56.00
Wkhour	12392	3.34	1.53	1	6
AGE	12389	13.73	13.62	3	140
ln*klr*	12372	3.79	1.42	-4.99	15.57

[①] 曾毅等（2010）编著了《低生育水平下的中国人口与经济发展》，蔡泳撰写了其中第二章《社会经济发展对生育率下降的作用》，以浙江和江苏为例，探讨了经济增长对生育率的负向作用。

符号（单位）	样本量	均值	标准差	最小值	最大值
Foreignratio	12394	0.15	0.32	0	1
RD	12394	0.56	0.50	0	1
DISPUTE	12394	0.07	0.26	0	1
IFINANCE	12346	0.95	25.51	−225.53	1947.37
EFINANCE	12346	0.11	2.68	−1.05	272
*Avg*50（‰）	12394	36.48	4.06	25.78	46.71
*Avg*60（‰）	12394	31.89	3.69	20.15	41.79
*Avg*70（‰）	12394	16.78	3.12	6.99	24.52
*Avg*80（‰）	12394	16.36	1.18	14.21	18.89
*Avg*90（‰）	12394	15.67	3.07	6.502	22.34
GMedu_IV	12394	5.58	0.49	3	7
GDPden（亿元/平方公里）	12394	0.11	0.18	0.005	1.32
*Avglnpgdpro*54_99	12394	6.27	0.39	5.59	7.87
*Avgimmi*80_99（‰）	12394	16.88	2.77	12.32	28.46
*Fetomwageratio*1990	12394	0.84	0.06	0.64	1.00

4.2.3　基准回归

表4.10是 OLS 估计的基准回归结果。本书控制了企业规模、资本密集度、外资比重、研发创新、制度因素和融资约束（内源融资约束和外源融资约束）等六个企业特征因素，还控制了总经理工作年限、员工工作时间和企业年龄三个企业管理因素，以及企业所在省份和行业两个哑变量；表4.10第（1）列以高中及以上人数占比衡量员工教育，第（2）列以大专及以上人数占比衡量员工教育，两列都使用 *GMedu* 衡量总经理教育。

表 4.10 基准回归结果

因变量	（1） *TFP_LP*	（2） *TFP_LP*
EDU_1	0.405 *** （0.037）	
EDU_2		0.895 *** （0.058）
GMedu	0.081 *** （0.009）	0.067 *** （0.010）
ln*size*	0.420 *** （0.008）	0.434 *** （0.008）
GMyear	0.0003 （0.0004）	0.0002 （0.0004）
Wkhour	0.032 *** （0.006）	0.034 *** （0.006）
AGE	− 0.001 *** （0.0004）	− 0.001 *** （0.0004）
ln*klr*	0.182 *** （0.008）	0.179 *** （0.008）
Foreignratio	0.275 *** （0.034）	0.265 *** （0.034）
RD	0.064 *** （0.017）	0.037 ** （0.018）
DISPUTE	− 0.093 *** （0.027）	− 0.085 *** （0.026）
IFINANCE	0.002 *** （0.001）	0.002 *** （0.001）
EFINANCE	0.013 ** （0.006）	0.013 ** （0.006）
省份哑变量	是	是

因变量	(1) TFP_LP	(2) TFP_LP
行业哑变量	是	是
常数项	1.737 *** (0.169)	1.791 *** (0.236)
观测值	12224	12224
R^2	0.585	0.590

注：括号内为省份—行业聚类稳健标准误，*、**、***分别代表10%、5%和1%水平下显著。

由表4.10估计结果可知，无论员工教育还是总经理教育，都与企业生产率显著正相关：（1）员工高中及以上人数占比 EDU_1 提高1%，LP 衡量的企业全要素生产率增长0.405%，这在1%水平显著；（2）大专及以上人数占比 EDU_2 提高1%，企业全要素生产率增长0.895%，这同样在1%水平显著异于零；（3）总经理学历 GMedu 提高一等级，全要素生产率增长约7%～8%，该系数在1%水平显著异于零。表4.10中相关控制变量的系数也符合预期，且均在1%水平显著：（1）企业规模 lnsize 增加1%，全要素生产率增长约0.4%；（2）资本密集度 lnklr 增长1%可促进生产率增长约0.18%；（3）外资资本占比 Foreignratio 提高1%，企业生产率增长约0.27%；（4）企业过去两年进行过研发活动，可使全要素生产率提高约3.7%～6.4%；（5）来自政府的制度干预 DIS-PUTE 干扰了企业运营，从而降低全要素生产率8.5%～9.3%。企业组织管理因素中，总经理本职工作年限 GMyear 对生产率作用小，且该系数在统计上不显著；延长员工工作时间 Wkhour 可在1%水平显著提高企业生产率约3%；企业成立年限每增加1年，生产率降低0.1%，该系数在1%水平显著异于零。企业成立越久生产率越低这一结果，与麦克兰和伍德拉夫（Mcmillan and Woodruff，2002）及余林徽等（2013）的研究结论一致。此外，放松融资约束可显著提高企业生产率：内源融资约束 IFINANCE 放松1单位，生产率增长 0.2%，这在 1% 水平显著；外源融资约束 *EFINANCE* 放松 1 单位，生产率增长 1.3%，该系数在 5% 水平显著。

归纳表 4.10 中估计结果进行分析可知：第一，企业的人力资本，无论以员工教育衡量，还是总经理教育衡量，都可提高全要素生产率，这说明即使在异质性国家中，第 3 章理论模型中得到的命题 4 成立，即人力资本 h 越高，市场中存活企业的平均生产率 $\tilde{A}$ 越高。第二，员工教育内部，大专及以上人数占比 *EDU_2* 对全要素生产率的作用系数是高中以上人数占比 *EDU_1* 作用系数的两倍多，说明提高员工教育可更好地促进我国制造业企业生产率增长。企业应注重劳动力教育，吸引更多大学生到企业工作。第三，外源性融资约束对企业生产率限制更大，放松外源性约束可使生产率增长 1.3%，明显高于放松内源性约束的作用系数 0.2%。

表 4.10 的估计结果是否在我国东部及中西部地区同时成立？或者员工教育和总经理教育对企业生产率的作用是否因企业性质不同（国有企业、民营企业和外资企业）而不同？本书将通过分组检验解决这些问题。

4.2.4　稳健性检验

基准回归初步确定了企业人力资本 h 对全要素生产率的作用，为得到明确的因果关系，本书将进行分组检验和内生性检验以保证估计结果稳健。

1. 分组检验

表 4.11 汇报了以 *EDU_1*（企业高中及以上人数占比）和 *GMedu*（总经理教育）衡量的人力资本对企业全要素生产率的作用。表中前两列检验了东部和中西部国有企业样本，中间两列检验了东部和中西部民营企业样本，最后两列检验了东部和中西部外资企业样本。以 *EDU_2*（企业大专及以上人数占比）和 *GMedu*（总经理教育）衡量的人力资本对企业全要素生产率的作用见表 4.12。

表 4.11　　　　　　　企业性质—地域分组检验（*EDU_1*）

因变量： *TFP_LP*	国有企业		民营企业		外资企业	
	东部	中西部	东部	中西部	东部	中西部
EDU_1	0.108 (0.116)	0.166 (0.101)	0.374 *** (0.061)	0.335 *** (0.061)	0.670 *** (0.104)	0.709 *** (0.178)
GMedu	0.080 ** (0.034)	0.109 *** (0.028)	0.058 *** (0.015)	0.103 *** (0.015)	0.106 *** (0.033)	− 0.008 (0.051)
ln*size*	0.461 *** (0.021)	0.445 *** (0.018)	0.471 *** (0.014)	0.407 *** (0.012)	0.449 *** (0.022)	0.416 *** (0.042)
GMyear	0.013 ** (0.005)	0.009 * (0.005)	− 0.0001 (0.0002)	0.006 * (0.003)	− 0.003 (0.005)	− 0.024 ** (0.012)
Wkhour	0.068 *** (0.019)	0.018 (0.015)	0.031 *** (0.012)	0.022 ** (0.009)	− 0.005 (0.015)	0.012 (0.038)
AGE	− 0.0004 (0.0006)	− 0.011 *** (0.001)	− 0.0004 * (0.0003)	− 0.001 (0.001)	− 0.015 *** (0.005)	− 0.014 (0.014)
ln*klr*	0.211 *** (0.023)	0.165 *** (0.018)	0.202 *** (0.015)	0.142 *** (0.012)	0.234 *** (0.027)	0.181 *** (0.043)
Foreignratio	0.811 *** (0.246)	1.113 *** (0.401)	0.190 (0.141)	0.412 ** (0.205)	− 0.079 (0.122)	0.200 (0.234)
RD	0.065 (0.065)	0.155 *** (0.048)	0.048 (0.032)	− 0.017 (0.027)	0.036 (0.046)	0.067 (0.091)
DISPUTE	− 0.056 (0.099)	− 0.049 (0.068)	− 0.178 *** (0.060)	− 0.085 ** (0.039)	− 0.002 (0.082)	− 0.127 (0.160)
IFINANCE	0.011 *** (0.003)	0.031 * (0.016)	0.002 *** (0.001)	0.002 ** (0.001)	0.008 (0.005)	0.013 (0.008)
EFINANCE	0.504 *** (0.085)	0.316 *** (0.093)	0.053 ** (0.023)	0.025 * (0.014)	− 0.0003 (0.008)	0.095 ** (0.039)
省份哑变量	是	是	是	是	是	是
行业哑变量	是	是	是	是	是	是

因变量：TFP_LP	国有企业		民营企业		外资企业	
	东部	中西部	东部	中西部	东部	中西部
常数项	2.544 *** (0.273)	2.681 *** (0.254)	3.481 *** (0.495)	2.574 *** (0.400)	2.435 *** (0.318)	2.908 *** (0.455)
观测值	1064	1606	3651	4142	1403	358
R^2	0.658	0.636	0.593	0.519	0.592	0.582

注：括号内为省份—行业聚类稳健标准误，*、**、*** 分别代表10%、5%和1%水平下显著。

表 4.12　　　　　　企业性质－地域分组检验（EDU_2）

因变量：TFP_LP	国有企业		民营企业		外资企业	
	东部	中西部	东部	中西部	东部	中西部
EDU_2	0.436 ** (0.177)	0.557 *** (0.178)	0.970 *** (0.107)	0.741 *** (0.102)	1.129 *** (0.155)	1.194 *** (0.293)
GMedu	0.073 ** (0.034)	0.093 *** (0.027)	0.045 *** (0.015)	0.090 *** (0.016)	0.095 *** (0.033)	−0.018 (0.049)
lnsize	0.463 *** (0.021)	0.450 *** (0.017)	0.481 *** (0.014)	0.418 *** (0.012)	0.478 *** (0.023)	0.450 *** (0.043)
GMyear	0.013 ** (0.005)	0.010 ** (0.005)	−0.000 (0.000)	0.005 * (0.003)	−0.007 (0.005)	−0.022 * (0.011)
Wkhour	0.071 *** (0.019)	0.020 (0.015)	0.035 *** (0.012)	0.024 ** (0.009)	−0.002 (0.015)	0.007 (0.037)
AGE	−0.000 (0.001)	−0.011 *** (0.001)	−0.000 (0.000)	−0.001 (0.001)	−0.017 *** (0.005)	−0.017 (0.013)
lnklr	0.207 *** (0.024)	0.161 *** (0.018)	0.198 *** (0.015)	0.140 *** (0.012)	0.244 *** (0.026)	0.182 *** (0.042)
Foreignratio	0.795 *** (0.246)	1.083 *** (0.392)	0.145 (0.138)	0.369 * (0.208)	−0.083 (0.120)	0.193 (0.245)
RD	0.049 (0.067)	0.135 *** (0.048)	0.028 (0.032)	−0.037 (0.027)	−0.002 (0.046)	0.018 (0.095)

续表

因变量： *TFP_LP*	国有企业		民营企业		外资企业	
	东部	中西部	东部	中西部	东部	中西部
DISPUTE	-0.062 (0.096)	-0.031 (0.067)	-0.167*** (0.061)	-0.083** (0.038)	0.014 (0.076)	-0.107 (0.159)
IFINANCE	0.011*** (0.003)	0.030* (0.016)	0.002*** (0.001)	0.001** (0.001)	0.009* (0.005)	0.012 (0.008)
EFINANCE	0.481*** (0.086)	0.315*** (0.096)	0.051** (0.021)	0.023 (0.014)	-0.000 (0.008)	0.089** (0.037)
省份哑变量	是	是	是	是	是	是
行业哑变量	是	是	是	是	是	是
常数项	2.549*** (0.272)	2.725*** (0.248)	3.500*** (0.465)	2.626*** (0.403)	2.294*** (0.335)	3.217*** (0.424)
观测值	1064	1606	3651	4142	1403	358
R^2	0.659	0.639	0.598	0.523	0.598	0.592

注：括号内为省份—行业聚类稳健标准误，*、**、***分别代表10%、5%和1%水平下显著。

（1）国有企业的估计结果分析。表4.11前两列汇报了国有企业样本估计系数和对应的省份—行业聚类稳健标准误。①员工高中及以上人数占比 *EDU*_1 虽然对全要素生产率作用为正，但统计上并不显著，这种情况在东部和中西部地区都存在。②总经理教育 *GMedu* 提高可促进企业生产率增长8%～10.9%，东部的估计系数在5%水平显著，中西部的估计系数在1%水平显著。③企业规模 ln*size* 增长1%可促进全要素生产率增长0.445%～0.461%，两个估计系数都在1%水平显著，且规模扩张对东部地区企业生产率正向作用更大。④企业管理因素中，总经理工作每增加1年可提高生产率0.9%～1.3%，数值虽小但都在10%水平显著；员工工作时间延长对我国东部地区国有企业生产率有显著促进作用；企业年龄增加对国有企业生产率有负向作用，但作用系数仅在中西部地区显著。⑤资本密集度 ln*klr* 增长1%可带来生产率增长0.165%～0.211%，估计系数在1%水平显著；同规模扩张一样，资本密集度增加对东部企业正向作用更大。⑥外资占比 Foreignratio 提高对国有企业生产率有显著（1%水平）正向作用，且其对我国中西部国有企业生产率拉动作用更大。⑦企业研发活动 RD 可提高全要素生产率，但估计系数仅在中西部地区显著。⑧制度因素 DISPUTE 虽然对国有企业生产率有负向作用，但估计系数统计上并不显著。⑨放松融资约束可促进国有企业生产率提高，表 4.11 显示，外源性融资约束对企业生产率阻碍作用更大，这一结论与表 4.10 相同。

表 4.12 以企业大专及以上人数占比 EDU_2 衡量员工教育。与 EDU_1 作用不显著不同，表中 EDU_2 增加可显著（1%水平）促进生产率增长（0.436% ~ 0.557%），说明促进国有企业生产率增长，需要大专及以上高教育人才。表 4.12 中其他变量的作用与表 4.11 一致。根据估计可知，要促进国有制造业企业生产率增长，第一，要注意发挥总经理教育和大专以上高教育员工的作用；第二，扩大企业规模和提高资本密集度可促进生产率增长，两者在东部地区作用更大；第三，外资资本介入可提高国有企业生产率，这在中西部地区作用更大；第四，国有企业面临融资约束，特别是外源性融资约束，放松约束可提高生产率。

（2）民营企业的估计结果分析。表 4.11 中间两列汇报了民营企业样本估计系数和对应的省份—行业聚类稳健标准误。①员工高中及以上人数占比 EDU_1 增长 1%，可带动企业生产率增长 0.335% ~ 0.374%，估计系数在 1% 水平显著。②总经理教育 GMedu 提高可促进企业生产率增长 5.8% ~ 10.3%，估计系数同样在 1% 水平显著。③企业规模 lnsize 增长 1% 可促进全要素生产率增长 0.407% ~ 0.471%，两个估计系数都在 1% 水平显著，且规模扩张对东部企业生产率正向作用更大。④企业管理因素中，总经理工作年限 GMyear 和企业年龄 AGE 对生产率作用系数小且不够显著，只有员工工作时间延长可显著提高企业生产率 2% ~ 3%。⑤资本密集度 lnklr 增长 1% 可带来生产率增长 0.142% ~ 0.202%，估计系数在 1% 水平显著，同规模扩张一样，资本密集度增加对东部企业作用更大。⑥外资占比 Foreignratio 提高对民营企业生产率促进作用仅在中西部地区显著，外资比例提高 1%，生产率增长 0.412%。
⑦企业研发活动 RD 全要素生产率作用不显著。⑧无论东部还是中西部地区民营企业，都受到政府制度干预的负面影响，制度干扰越大企业生产率越低，估计系数在 5% 水平显著。⑨放松融资约束可促进民营企业生产率显著提高，表 4.11 显示，外源性融资约束对企业生产率阻碍更大，该结论再次与表 4.10 相同。

表 4.12 以企业大专及以上人数占比 EDU_2 衡量员工教育。可以看出，大专学历人才（EDU_2）对民营企业生产率作用更大，其估计系数是 EDU_1 的 2 倍多。表 4.12 其他变量的作用与表 4.11 一致。据估计可知，要促进我国民营制造业企业生产率增长，第一，要注意发挥总经理教育和大专以上高学历员工教育的作用；第二，扩大企业规模和提高资本密集度可促进生产率增长，两者在东部地区作用更大；第三，外资占比提高仅对中西部地区民营企业正向作用显著；第四，民营企业同样面临融资约束，主要是外源融资约束，放松约束可提高企业生产率。

（3）外资企业的估计结果分析。表 4.11 最后两列汇报了外资企业样本估计系数和对应的省份—行业聚类稳健标准误。①员工高中及以上人数占比 EDU_1 增长 1%，可带动企业生产率增长 0.67% ~ 0.709%，估计系数在 1% 水平显著；外资企业中员工教育的作用明显高于总经理教育的作用（0.106%），在我国中西部地区的外资企业中，总经理作用为负且并不显著。②企业规模 lnsize 和资本密集度 lnklr 都可显著促进生产率增长，且两者都对东部企业作用更大。其中 lnsize 增长 1% 可促进生产率增长 0.416% ~ 0.449%，lnklr 增长 1% 可促进生产率增长 0.181% ~ 0.234%。③无论是东部还是中西部外资企业，外资占比 Foreignratio、研发活动 RD 和制度因素 DISPUTE 三项都不能显著影响其生产率。融资约束中，仅有中西部企业受外部融资约束显著影响。④企业管理因素中，员工工作时间 Wkhour 延长对企业生产率作用不显著，但企业年龄增加可显著降低东部外资企业全要素生产率。

表 4.12 以企业大专及以上人数占比 EDU_2 衡量员工教育。

可以看出，大专学历人才（EDU_2）对外资企业生产率作用更大。表4.12其他变量的作用与表4.11一致。根据估计可知，要促进我国外资制造业企业生产率增长，第一，注意发挥员工教育的作用，无论高中还是大专以上高教育员工增加，都可促进企业生产率增长；第二，扩大企业规模和提高资本密集度可促进外资企业生产率增长，两者在东部地区作用更大。

总结表4.11和表4.12汇报的估计结果，可发现企业生产率的影响因素存在以下特点：第一，高中及以上员工人数 EDU_1 提高仅促进了民营企业和外资企业生产率提高，对国有企业作用不显著；大专及以上员工增加对三类企业均有正向作用，且其作用系数明显高于 EDU_1，因此促进我国制造业企业生产率增长，需要依赖大专以上更高教育人才。第二，无论以哪个指标衡量员工教育（EDU_1 或 EDU_2），其在外资企业作用最大，其次是民营企业，国有企业中作用最小。第三，在国有企业和民营企业中，总经理教育发挥了显著的正向作用，但在中西部外资企业中，总经理教育作用系数不显著。第四，外资占比提高可显著促进国有企业生产率增长；来自政府的制度干预显著降低了民营企业生产率；融资约束主要影响国有企业和民营企业生产率；和内源性融资相比，外源性融资约束对生产率的负向作用更大。

2. 内生性考虑

基准回归结果和分组检验结果均支持"企业人力资本（以员工教育和总经理教育衡量）提高可促进全要素生产率增长"这一命题，但笔者仍担心可能存在内生性问题，影响估计结果。内生性问题存在的原因包括：第一，虽然本书以滞后值（2002年和2003年值取平均）衡量员工教育，但鉴于本书使用的是截面数据，仍可能存在未控制的变量同时影响员工教育和企业生产率。第二，总经理教育（GMedu）来自调查问卷，为2004年数据，有可能生产率增长快的企业主动雇佣高教育水平总经理，即存在反向影响的可能，从而造成内生性。为此，本书使用工具变量进行内生性检验（见表4.13）。

表 4.13　内生性检验

	(1) EDU_1	(2) TFP_LP	(3) EDU_2	(4) TFP_LP	(5) GMedu	(6) TFP_LP	(7) GMedu	(8) TFP_LP
EDU_1		-0.867 (1.291)						
EDU_2				17.311 (11.676)			1.064*** (0.050)	0.813*** (0.071)
Avg70	-0.012* (0.006)		-0.001 (0.004)					
Avg90	-0.002 (0.005)		-0.003 (0.004)					
GMedu	0.053*** (0.003)	0.149** (0.071)	0.039*** (0.002)	-0.579 (0.460)		0.150*** (0.034)		0.125*** (0.034)
GMedu_IV					0.717*** (0.014)		0.699*** (0.014)	
Lnsize	0.009*** (0.002)	0.431*** (0.015)	-0.011*** (0.002)	0.602*** (0.129)	0.133*** (0.006)	0.406*** (0.009)	0.149*** (0.006)	0.420*** (0.010)
GMyear	-0.001*** (0.000)	-0.000 (0.001)	-0.000** (0.000)	0.003 (0.002)	-0.001 (0.001)	0.000 (0.000)	-0.001 (0.001)	0.000 (0.000)

续表

	(1) EDU_1	(2) TFP_LP	(3) EDU_2	(4) TFP_LP	(5) GMedu	(6) TFP_LP	(7) GMedu	(8) TFP_LP
Wkhour	-0.019*** (0.002)	0.013 (0.025)	-0.011*** (0.001)	0.215* (0.130)	-0.049*** (0.005)	0.037*** (0.007)	-0.046*** (0.005)	0.038*** (0.007)
AGE	0.000 (0.000)	-0.001** (0.000)	-0.000 (0.000)	-0.000 (0.001)	-0.000** (0.000)	-0.001*** (0.000)	-0.000* (0.000)	-0.001** (0.000)
Lnklr	0.032*** (0.002)	0.226*** (0.042)	0.018*** (0.001)	-0.114 (0.209)	0.065*** (0.007)	0.176*** (0.009)	0.062*** (0.007)	0.174*** (0.009)
Foreignratio	0.033*** (0.010)	0.292*** (0.060)	0.026*** (0.008)	-0.182 (0.317)	0.307*** (0.031)	0.232*** (0.034)	0.294*** (0.029)	0.227*** (0.034)
RD	0.028*** (0.005)	0.102** (0.042)	0.043*** (0.003)	-0.654 (0.502)	0.153*** (0.017)	0.054*** (0.019)	0.121*** (0.017)	0.032* (0.018)
DISPUTE	0.009 (0.007)	-0.094*** (0.034)	-0.006 (0.005)	0.001 (0.086)	0.047 (0.030)	-0.097*** (0.027)	0.057* (0.029)	-0.089*** (0.027)
IFINANCE	0.000 (0.000)	0.002*** (0.001)	0.000* (0.000)	0.001 (0.001)	-0.000 (0.000)	0.002*** (0.001)	-0.000 (0.000)	0.002*** (0.001)
EFINANCE	0.002** (0.001)	0.014 (0.009)	0.001 (0.001)	-0.002 (0.012)	-0.001 (0.001)	0.013** (0.006)	-0.001 (0.002)	0.013** (0.006)

续表

	(1)	(2)	(3)	(4)	(5)	(6)	(7)	(8)
	EDU_1	TFP_LP	EDU_2	TFP_LP	GMedu	TFP_LP	GMedu	TFP_LP
GDPden	0.026 (0.032)	0.615*** (0.108)	0.006 (0.011)	0.487*** (0.149)	-0.133*** (0.050)	0.551*** (0.099)	-0.120** (0.057)	0.558*** (0.093)
Avglnpgdpro54_99	0.058** (0.024)	0.056 (0.130)	0.023 (0.016)	-0.554 (0.416)	-0.049 (0.054)	0.857*** (0.137)	-0.007 (0.063)	0.887*** (0.134)
Avginmi80_99	0.031*** (0.004)	-0.054* (0.031)	0.011*** (0.003)	-0.219** (0.105)				
Fetomwageratio1990	1.061*** (0.214)	-2.710* (1.413)	0.692*** (0.136)	-12.453* (7.206)				
常数项	-1.567*** (0.195)	4.545** (2.256)	-0.934*** (0.127)	20.748* (11.053)	0.709** (0.353)	-3.464*** (0.860)	0.536 (0.396)	-3.552*** (0.852)
省份哑变量	是	是	是	是	是	是	是	是
行业哑变量	是	是	是	是	是	是	是	是
观测值	12224	12224	12224	12224	12224	12224	12224	12224
R^2	0.271	0.528	0.275	-3.031	0.355	0.585	0.363	0.591
内生性检验		(0.3604)		(0.2765)		(0.0242)		(0.0615)

注：括号内为省份—行业聚类稳健标准误，*、**、*** 分别代表10%、5%和1%水平下显著。内生性检验汇报了卡方统计量 p 值。

根据前文的 QQ 替代（家庭中存在以质换量的权衡）理论，本书使用了 5 组各省区市每 10 年平均生育率（$Avg50$、$Avg60$、$Avg70$、$Avg80$、$Avg90$）作为员工教育的工具变量。使用该工具变量是合适的：一是生育率提高后，家庭的最优选择会减少每个后代子女教育投入，因此生育率和员工教育负相关。二是企业员工能力有限，很少跨区域流动，多数在本省内从农村进入城市打工，因此企业的员工教育和本省生育率负相关。另外，生育率取滞后值，保证其不受 2004 年企业生产率影响。三是可能存在宏观经济因素，同时影响家庭生育选择和企业生产率增长，为此本书控制了：（1）城市 GDP 密度（$GDPden$），经济越发达，越可能吸引高教育水平员工，且发达地区企业间生产率相互影响，存在空间溢出效应。（2）1954 ~ 1999 年各省区市人均 GDP 平均增长率（$Avglnpgdpro54\_99$），衡量省区市过去经济增长，曾毅等（2010）指出经济增长与生育率负相关[①]，且过去的经济基础可影响 2004 年企业生产。（3）1980 ~ 1999 年各省区市平均人口迁入率（$Avgimmi80\_99$）。改革开放后，我国逐渐放松户籍管制，允许人口跨省流动，这可能造成一省员工教育与其他省生育率相关，为此本书控制了该变量。（4）性别工资比（$Fetomwageratio1990$）。据前文分析可知，女性相对工资越高，生育率越低而后代子女教育投入越多，因此性别工资影响员工教育，性别工资同时影响女性劳动供给和企业生产，因此需控制该变量。

表 4.13 采用两阶段广义矩（GMM）法进行了工具变量检验。前两列以生育率作为 EDU_1 的工具变量，（3）~（4）列以生育率作为 EDU_2 的工具变量，其中（1）和（3）列为第一阶段估计结果。内生性检验发现，虽然员工教育可能因遗漏变量而存在内生性，但统计上并不显著，表 4.13 最后一行括号中给出了内生性检验的 p 值，均不能拒绝"EDU_1 或 EDU_2 为外生变量"的原假设，

[①] 曾毅等（2010）编著了《低生育水平下的中国人口与经济发展》，蔡泳撰写了其中第二章《社会经济发展对生育率下降的作用》，以浙江和江苏为例，探讨了经济增长对生育率的负向作用。

从而支持表 4.10 基准回归结果。从（1）和（3）列第一阶段估计可知，生育率与员工教育负相关[1]，但不够显著；1954～1999 年各省区市经济增长（$Avglnpgdpro54\_99$）越快，企业员工教育水平越高；人口迁入率（$Avgimmi80\_99$）越高，员工教育水平越高，说明迁入人口为高教育人才；和理论预期一致，各省区市女性相对工资越高，员工教育越高，女性相对工资增长 1%，可使企业高中及以上人数占比增长 1.061%，大专及以上人数占比增长 0.692%，因此不应忽略女性对员工教育及企业生产的作用。

表 4.13 中（5）～（8）列以各地市各行业总经理教育平均水平（$GMedu\_IV$）为工具变量，检验了总经理教育的内生性，其中（5）～（6）列员工教育以 EDU_1 衡量，（7）～（8）列员工教育以 EDU_2 衡量，第（5）列和第（7）列为第一阶段估计结果。内生性检验表明，可以在 10% 水平拒绝 "$GMedu$ 为外生变量" 的原假设，从而支持工具变量的估计结果。根据第（6）列和第（8）列可知，员工教育和总经理教育对企业生产率的正向作用显著，且高学历人才对企业生产率促进作用更大；控制变量中，各影响因素与表 4.10 估计结果一致。

总结内生性检验可知，虽然统计意义上，员工教育非内生变量，而总经理教育可判定为内生，但表 4.13 估计结果与表 4.10 的基准估计一致，因此，本书可将员工教育和总经理教育对企业全要素生产率的作用判定为因果关系，即员工教育增加或总经理教育增加，企业人力资本提高，因而促进了企业生产率增长。

4.3　本章结论

本章先总结了世界银行 2005 年对我国企业投资环境调查的内容，特别是按企业性质分类，统计了国有企业、民营企业和外资企

---

[1]　由于共线性，估计结果自动删除了 $Avg50$、$Avg60$ 和 $Avg80$。

业中劳动力教育结构，发现无论以员工教育还是总经理教育衡量人力资本，外资企业都具有绝对优势。将三类企业是否出口再进行细分后，本书比较了出口企业的相对优势，发现国有企业和民营企业中，出口企业人力资本（以员工教育和总经理教育衡量）更高，但外资企业中，非出口企业人力资本水平更高。

本章第二节，在异质性国家的情况下，采用实证方法检验了第3章命题4"开放经济中，一国企业人力资本越高，市场中存活企业的平均生产率 $\tilde{A}$ 越高"这一结论，并得到确定的因果关系。本书发现，第一，企业中"高中及以上人数占比（EDU_1）"或"大专及以上人数占比（EDU_2）"提高，都可显著促进全要素生产率增长，且无论企业为国有、民营还是外资，更高学历人才（EDU_2）促进作用更大。第二，总经理教育（$GMedu$）提高可促进企业全要素生产率增长，但在我国中西部地区的外资企业中，总经理教育作用系数不显著。第三，外资占比提高可促进国有企业生产率增长，来自政府的制度干预显著降低了民营企业生产率，融资约束主要影响国有企业和民营企业生产率，和内源性融资相比，外源性融资约束对生产率的负向作用更大。本书研究结论可转化为有针对性的对策，以提高我国企业生产率。

第 5 章

劳动力教育结构对制造业企业出口参与的影响

第 3 章命题 4 提出"开放经济中，一国企业人力资本（h）越高，该国企业出口竞争力 Φ_X 越高。"本章将以企业参与出口的概率（即出口倾向）衡量一国出口竞争力，通过实证证明该命题。与第 4 章一致，本章从员工素质和高管能力两方面衡量企业人力资本；员工教育或高管教育越高，企业员工素质或高管能力越强，企业人力资本水平越高，并基于世界银行 2005 年中国企业投资环境调查数据展开实证分析。

5.1 研究设计

5.1.1 构建模型

本章要解释企业出口倾向，这是一个典型二值变量，企业有出口为 1，没有出口为 0，因此适合使用 Probit 估计。世界银行 2005 年调查中，问题 A24 涉及"企业 2004 年海外销售（包括我国港澳台地区）占总销售额比重"，本书据此判定企业是否出口。基于伯纳德和詹森（Bernard and Jensen，2004）、孙灵燕和李荣林（2011）等的出口决策模型，本书将以员工教育和总经理教育衡量的企业人力资本因素纳入模型，并结合中国企业出口的现实情况，构建计量模型如下：

$$EXPdum_{csi} = \beta_0 + \beta_1 HUM_{csi} + X'_{csi}\beta_2 + province + industry + \varepsilon_{csi}$$

其中 $EXPdum_{csi}$ 是衡量城市 c、行业 s 企业 i 是否出口的二值变量：若企业有出口行为，$EXPdum$ 取 1，若没有出口行为，$EXPdum$ 取 0。HUM_{csi} 为企业 i 的人力资本水平，包括员工教育（EDU）和总经理教育（$GMedu$）；X'_{csi} 表示一系列控制变量；$province$ 和 $industry$ 分别为省份哑变量和行业哑变量，说明了省份及行业特征，根据表 4.2 和表 4.3，各区域（省份）和各行业间企业出口倾向普遍存在差异，因此加入哑变量控制省份与行业的非观测效应；ε_{csi} 为误差项，考虑到各省份同行业间面临相同禀赋[1]，并受共同的省政府行业政策影响，回归中本书使用了省份—行业聚类稳健标准差，允许误差项在各省份同行业内自相关。

为保证得到稳健的估计结果，本书加入了企业规模等控制变量 X。

（1）企业规模。以梅里兹（Melitz，2003）为代表的新新贸易理论认为，企业出口要支付额外的固定成本（开拓国外销售市场或与外国政府关系协调），只有高生产率企业能承担此成本以进入国际市场；斯鲁瓦根和戈德胡斯（Sleuwaegen and Goedhuys，2002）、赛弗森（Syverson，2011）等认为企业规模扩大降低生产成本，从而提高了生产率，因此，学者支持规模大的高生产率企业进入国际市场（Yeaple，2003）。格里纳韦和克纳勒（Greenaway and Kneller，2007）、玛诺瓦（Manova，2012）等指出企业面临融资约束，影响其出口决策，而我国银行根据企业规模做出信贷决策，从而影响企业外部融资。研究表明，我国规模大的企业更容易筹集外部资金，

① 省内人口和资金流动方便，跨省流动阻力较大。

提高其出口倾向（于洪霞等，2011；陈琳等，2012；李志远和余淼杰，2013）。从生产率和外部融资两方面考虑，本书加入企业规模作为出口倾向的控制变量，并预测企业规模越大，参与出口的概率越高。

（2）企业组织管理。根据第 4 章分析和检验，企业组织管理水平影响其生产率，因而可通过生产率渠道（Melitz，2003）影响企业出口倾向。萨拉和亚尔辛（Sala and Yalcin，2015）提出来自企业管理层的因素直接影响企业出口，已有文献大多将这一渠道忽略了，如 CEO 在以前工作单位从事过出口活动，可显著提高现在工作单位的出口倾向，这是因为 CEO 更熟悉国外市场，降低了现单位进入门槛。萨拉和亚尔辛（2015）指出应从更多维度考察企业组织管理对其出口倾向的影响，为此本书检验中考察了总经理任命及总经理赋权等因素的作用。

（3）资本密集度。传统 HO 理论认为，一国贸易形态和出口竞争力由该国比较优势决定。众所周知，我国是人口大国，特别在 2004 年人口优势明显，因此根据理论可预期，以资本劳动比衡量的资本密集度越高，企业参与出口的概率越低。但也有学者认为我国出口结构正由劳动密集型向依靠自主创新和提高产品质量为特征的资本密集型转变，因此资本密集度与企业出口概率正相关；张杰等（2010）从国内市场分割角度，检验发现市场分割程度高的省份中，资本密集度高的企业出口概率增加。因此，资本密集度对我国企业出口倾向的作用结论并不统一，钟昌标（2007）、刘志彪和张杰（2009）以及孙灵燕和李荣林（2011）认为资本密集度对我国企业出口倾向作用不显著。综上所述，本书在控制变量中加入资本密集度，考察了其对我国制造业企业出口决策的作用。

（4）外资比重。外资企业进入一国，主要是利用其廉价要素（如劳动力等）进行加工装配，再将产成品销往海外，这是外资企业出口倾向高的原因，如本书 4.1 节发现，2005 年世界银行调查的 1789 家进入中国的外资企业中，1344 家有出口活动，占比高达 75.13%，特别是在我国东部地区，该指标高达 81.92%。国内外学者发现，随制造业企业中外资比重增加，企业参与出口的倾向增加（Greenaway et al.，2004；赵伟和赵金亮，2011；冯丹卿等，2013），为此，本书在控制变量中加入了企业外资比重。

（5）电子商务。近年来，互联网普及简化了商业交易环节，特别是跨境交易环节，有效降低了企业出口成本，为我国企业参与出口提供更加便利条件。据统计，至2012年底，我国使用跨境电子商务参与出口的企业已达20余万家，交易额占我国进出口总额9.6%。国外研究中，威尔逊等（Wilson et al.，2004）指出电子商务可带来贸易增长；国内研究中，茹玉骢和李燕（2014）发现电子商务不仅促进我国企业出口集约边际增长，还带来扩展边际提高，即企业参与出口的倾向增加。为此，本书控制了电子商务这一因素。

（6）研发创新。学者发现研发创新可提高企业生产率，特别是出口企业生产率（Aw et al.，2007；戴觅和余淼杰，2011）。晏涛（2013）使用2005~2007年中国工业企业数据研究了研发对企业出口倾向的作用，认为研发使企业参与出口概率提高8.2%。但并非所有学者支持这一观点，张杰等（2010）认为本土企业受制于市场分割，生产率高且创新能力强的企业出口，但外资企业享受超国民待遇，不受市场分割影响，其出口倾向和创新能力负相关；盛丹等（2011）则认为研发投入促进了外资企业出口倾向提高，但内资企业正相反，研发投入降低了其参与出口的概率。为明确不同类型企业中研发创新对出口决策的作用，本书控制了研发创新这一因素。

（7）制度因素。制度因素从两方面影响企业出口，一是降低贸易成本，二是完善比较优势。出口中的贸易成本不仅包括显性的关税成本，还包括搜索成本、合约执行和司法成本等。安德森和马库勒（Anderson and Marcouiller，2002）从合约执行的角度研究了制度对贸易的作用，发现不履行合约和腐败增加了贸易成本，从而减少了出口贸易；郭平（2015）提出完善制度环境（以商业纠纷被司法体系公正解决的概率衡量）提高了我国国有企业和非国有控股企业参与出口的概率，但对外资企业作用不显著；刘锦和王学军（2015）认为腐败抑制了企业参与出口，这一作用在我国中西部地区更强烈且不随企业所有制性质而改变。从比较优势角度考虑，由于生产复杂产品中间需要投入的产品多，交易过程存在更多难于监督的过程，这需要更好的制度保障技术复杂产品的生产及交易（Berkowitz et al.，2006），因此，落后制度不利于高新技术产品出口。本书将在控制变量中加入制度因素，考察其对我国不同所有制企业的影响。

（8）融资约束。学者认为，融资约束是限制企业参与出口的重要因素（Greenaway and Kneller，2007；Manova，2008），基于我国企业的检验对此存在两类解释：一是融资约束越大，企业参与出口的可能性越低（于洪霞等，2011），正在成为出口主力军的私营企业受制于外部融资约束，出口倾向受到抑制（孙灵燕和李荣林，2011）；二是我国存在"融资约束悖论"，融资约束越高的企业越可能参与出口（罗长远和李姝醒，2014）。为明确融资约束的作用，本书在控制变量中分内源和外源两方面探讨融资约束对企业出口倾向的作用。

5.1.2　变量测度和统计特征

（1）企业出口倾向（*EXPdum*）。本书根据世界银行 2005 年调查问卷中问题 A24"企业 2004 年海外销售（包括我国港澳台地区）占总销售额比重"判断出口行为，若比重大于零则企业有出口行为，*EXPdum* 取 1，否则为 0。

（2）员工教育。调查问卷中有两个关于员工教育的问题：一是企业高中及以上学历人数占比，本书将其定义为 *EDU_1*；二是企业大专及以上学历人数占比，本书将其定义为 *EDU_2*。为降低反向作用（出口企业使用高教育水平员工）带来的内生性，本书采用滞后值（2002 年和 2003 年值取平均）衡量员工教育。

（3）总经理教育。调查问卷中问题 I1 涉及总经理教育（*GMedu*），由于选项为降序排列不利于交互项检验，本书进行了升序调整（1 为没有接受过正规教育，2 为小学，3 为初中，4 为高中，5 为大专，6 为大学本科，7 为硕士及以上）。

（4）企业规模。学者对企业规模的衡量有三个指标：一是销售收入（Axtell，2011；高凌云等，2014）；二是总资产（Buckley and Clegg，2007；孙晓华和王昀，2014）；三是企业人数（Liu and Buck，2007）。本书采用第三个指标，以员工总人数（total employment）衡量企业规模。为降低反向作用（出口企业主动增加员工人数以满足国外市场需求）带来的内生性，本书采用滞后值（2002 年和2003 年值取平均）衡量企业规模。

（5）企业组织管理。与第 4 章相同，本章以三个指标衡量企业管理：一是总经理工作年限（GMyear），问题 I2 调查了总经理在本职位的工作年限；二是员工工作时间（Wkhour），问题 E122 调查了员工每周平均工作小时数，选项为升序排列；三是企业年龄（AGE），问题 A1 调查了企业成立时间，企业年龄由"2004 - 成立时间 +1"获得。

为明确企业组织管理对出口决策的影响，本书在稳健性检验中还考察了：①总经理是否由政府任命（GMappoint），问题 I3 调查了总经理的任命权，若由政府任命，GMappoint 为 1，否则为 0；②总经理在企业生产、投资及人员使用方面（不被政府干预）的自主权，问题 I91、I92 和 I93 分别调查了这三个方面，答案为升序排列（1 = 0 ~ 19%，2 = 20% ~ 39%，3 = 40% ~ 59%，4 = 60% ~ 69%，5 = 70% ~ 79%，6 = 80% ~ 89%，7 = 90% ~ 99%，8 = 100%），由于三方面存在共线性，本书计算了三方面算术平均值，将其定义为总经理自主权（GMpower）；③企业总员工数中农民工占比（PEAratio），该指标由企业总员工中临时工占比（TEMP，问题 AC15 ~ AC35）和临时工中农民工占比（PEA，问题 AC16 ~ AC36）相乘获得，为降低反向作用引起的内生性问题，本书采用滞后值（2002 年和 2003 年值取平均）衡量农民工比重（PEAratio）。

本书还考虑过以下四方面因素对企业出口倾向的影响：①总经理报酬是中层干部的倍数（GMsalary，问题 I51）；②总经理报酬是否和公司业绩挂钩（GMperform，问题 I61）；③企业是否为控股公司子公司（*MEM*，问题 I8）；④普通经理或员工决策权（*JMdecide*，问题 I10）。由于作用不显著，本书正文未汇报估计结果。

（6）资本密集度。本书使用对数资本劳动比（ln*klr*），即固定资产净值除以员工总人数后取对数，衡量资本密集度。为避免企业出口对资本密集度的反作用，本书采用滞后值（2002 年和 2003 年值取平均）衡量这一指标。

（7）外资比重（*Foreignratio*）。本书使用外资在企业总资本中的比重（问题 AA15）衡量该指标。

（8）电子商务（*SALESfrnet*）。本书以企业销售收入中来自网络的占比（问题 F6）衡量电子商务使用情况。

（9）研发创新（*RD*）。为避免企业出口对研发创新的反作用，本书采用滞后值（2002 年和 2003 年值取平均）衡量企业研发。该指标为二值变量，若 2002 年或 2003 年企业有研发支出（问题 AB73 和 AB72），*RD* 为 1，否则为 0。

（10）制度因素（*DISPUTE*）。本书以"过去 3 年政府和企业对法规是否有不同解释"（问题 J5）衡量政府制度对企业运营的干预，这是个 0 或 1 的二值变量，若有不同解释则取 1，本书预期政府干预将降低企业出口倾向。

（11）融资约束。本书使用罗长远和李姝醒（2014）的方法，以现金流与固定资产净值之比衡量企业内部融资约束（*IFINANCE*），其中现金流以企业总利润（total profits）[①] 衡量；以利息支付（interests expenditure）[②] 与固定资产净值之比衡量企业外部融资约束（*EFINANCE*）。企业现金流越多，*IFINANCE* 越高，说明企业内部融资约束越低；由于向银行借贷的利率成本低，企业希望从银行获得借贷资金，因此银行利息支付越高，其外部融资约束越低。为避免生产率对融资约束的反向作用，本书采用滞后值（2002 年和 2003 年值取平均）衡量企业融资约束。

虽然关键变量已取滞后值，降低了互为因果的内生性问题，但

---

① total profits 来自问卷问题 AB1114、AB1214 和 AB1314。
② interests expenditure 来自问卷问题 AB1112、AB1212 和 AB1312。

仍可能由遗漏变量而带来内生性，为此，本书在5.3节使用工具变量进行稳健性检验。

员工教育的工具变量为生育率。根据第3章家庭最优支出模型，家庭中存在"以质换量的权衡（QQ替代）"，家庭中生育率越高，后代子女教育投入越少。因此本书使用生育率作员工教育的工具变量，生育率不适合做总经理教育的工具变量，因为总经理能力卓越，容易跨省份流动，不适合使用企业所在地生育率为其工具变量，地区生育率与员工教育负相关性更强。本书以各省区市平均出生率衡量生育率：1954～1959年为$Avg50$，1960～1965年为$Avg60$，1971～1979年为$Avg70$，1980～1989年（中间缺1986年）为$Avg80$，1990～1999年为$Avg90$[①]。

总经理教育的工具变量为各城市每个行业中总经理教育的平均值（$GMedu\_IV$），余林徽等（2013）使用相同方法构建工具变量。由于单个企业的出口倾向很难影响到城市中该行业总经理教育均值，且该均值与企业总经理教育水平密切相关，因此工具变量适合。

考虑到工具变量估计时可能因遗漏宏观层面变量[②]而带来内生性，本书控制：

（1）人均GDP平均增长率（$Avglnpgdpro54\_99$）衡量各省区市1954～1999年平均经济增长率。曾毅等（2010）指出经济增长与生育率负相关[③]，生育率并非完全外生变量；而经济增长又与出口贸易相关，过去的经济增长部分反映了该地区出口条件，进而影响了2004年该地区企业出口倾向，因此需要控制该变量。本书将1954～1999年各省区市人均GDP取对数后求平均衡量该变量，数据来自wind数据库。

---

① 资料来自《中国人口统计年鉴》，部分缺失年份（1950～1953年、1966～1970年和1986年）年鉴并未统计。

② 企业微观层面变量已控制，但仍可能存在省市一级宏观层面的变量，同时影响企业出口决策和员工及总经理教育水平，如过去的经济增长率、城市现在的GDP水平等，因此需将其作为控制变量。

③ 曾毅等（2010）编著了《低生育水平下的中国人口与经济发展》，蔡泳撰写了其中第二章《社会经济发展对生育率下降的作用》，以浙江和江苏为例，探讨了经济增长对生育率的负向作用。

（2）城市 GDP 密度（*GDPden*），经济越发达，越可能吸引高教育水平的员工或总经理，且经济发达地区企业具有技术优势，因而更容易出口。为避免企业出口对城市 GDP 的反作用，本书采用滞后值（2002 年和 2003 年值取平均）衡量城市 GDP 密度①。

（3）城市人口密度（*POPden*），生育率越高，城市人口越多，人口禀赋增加有利于企业大规模生产及出口倾向增加。这一作用渠道不同于"生育率通过影响员工教育，影响企业出口决策"，因此本书控制了该变量，与 GDP 密度相同，本书采用滞后值（2002 年和 2003 年值取平均）衡量城市人口密度。

（4）人口迁入率（*Avgimmi80_99*）。改革开放后，我国逐渐放松户籍管制，允许人口跨省流动，造成一省份员工教育可能与其他省份生育率相关。因此本书以省份为单位，控制了 1980 ~ 1999 年平均人口迁入率。

（5）性别工资比（*Fetomwageratio1990*）。据第 3 章理论可知，女性相对工资越高，生育率越低而后代子女教育投入越多，性别工资影响了员工教育，性别工资同时又影响女性劳动供给和企业出口，因此需控制该变量。本书基于 1990 年中国城市住户调查数据计算了各省区市女性工资与男性工资之比。

表 5.1 统计了变量定义和数据来源，表 5.2 给出变量的统计性描述。

表 5.1　　　　　　　　变量定义和数据来源

变量名称	符号	定义和处理方式	数据来源
企业出口倾向	*EXPdum*	0/1 二值变量	2005 年投资环境调查
企业高中及以上人数占比	*EDU_1*	2002 年和 2003 年值取平均	2005 年投资环境调查
企业大专及以上人数占比	*EDU_2*	2002 年和 2003 年值取平均	2005 年投资环境调查

---

① *GDPden* 数据来自 2003 年和 2004 年《中国城市统计年鉴》。

续表

变量名称	符号	定义和处理方式	数据来源
总经理教育	*GMedu*	2004 年值，升序排列	2005 年投资环境调查
企业规模	lnsize	员工总人数，2002 年和 2003 年值取平均	2005 年投资环境调查
总经理工作年限	*GMyear*	2004 年值	2005 年投资环境调查
员工工作时间	*Wkhour*	每周平均工作小时数，升序排列	2005 年投资环境调查
企业年龄	*AGE*	2004 – 成立时间 + 1	2005 年投资环境调查
总经理的任命	*GMappoint*	总经理由政府任命取 1，否则为 0	2005 年投资环境调查
总经理自主权	*GMpower*	总经理在生产、投资及人事三方面自主权取均值	2005 年投资环境调查
企业总员工中农民工占比	*PEAratio*	总员工中临时工占比 * 临时工中农民工占比，2002 年和 2003 年值取平均	2005 年投资环境调查
资本密集度	lnklr	对数资本劳动比，2002 年和 2003 年值取平均	2005 年投资环境调查
外资比重	*Foreignratio*	2004 年值	2005 年投资环境调查
电子商务	*SALESfrnet*	销售收入中来自网络的占比	2005 年投资环境调查
研发创新	*RD*	0/1 哑变量，2002 年或 2003 年有研发支出取 1	2005 年投资环境调查
制度因素	*DISPUTE*	0/1 哑变量，过去 3 年政府和企业对法规有不同解释取 1	2005 年投资环境调查
内源融资约束	*IFINANCE*	现金流（总利润）与固定资产净值之比；2002 年和 2003 年值取平均	2005 年投资环境调查

续表

变量名称	符号	定义和处理方式	数据来源
外源融资约束	*EFINANCE*	利息支付与固定资产净值之比；2002 年和 2003 年值取平均	2005 年投资环境调查
生育率	*Avg50 ~ Avg90*	各省区市平均出生率	中国人口统计年鉴
总经理教育的工具变量	*GMedu_IV*	各城市每个行业中总经理教育的平均值	2005 年投资环境调查
人均 GDP 增长率	*Avglnpgdpro54_99*	1954 ~ 1999 年各省区市人均 GDP 先取对数再求平均	wind 数据库
城市 GDP 密度	*GDPden*	2002 年和 2003 年值取平均	中国城市统计年鉴
城市人口密度	*POPden*	2002 年和 2003 年值取平均	中国城市统计年鉴
人口迁入率	*Avgimmi80_99*	各省区市 1980 ~ 1999 年平均人口迁入率	1990 年中国人口统计年鉴；1990 年以来中国常用人口数据集
性别工资比	*Fetomwageratio1990*	各省区市 1990 年女性平均工资与男性平均工资之比	1990 年中国城市住户调查

表 5.2　　　　　　　　　**变量的统计性描述**

符号（单位）	样本量	均值	标准差	最小值	最大值
EXPdum	12394	0.38	0.48	0	1
EDU_1	12394	0.47	0.27	0	1
EDU_2	12394	0.17	0.17	0	1
GMedu	12380	5.58	1.00	1	7
lnsize	12393	5.52	1.50	1.61	11.76
GMyear	12378	6.38	4.71	1	56.00
Wkhour	12392	3.34	1.53	1	6

续表

符号（单位）	样本量	均值	标准差	最小值	最大值
AGE	12389	13.73	13.62	3	140
GMappoint	12394	0.13	0.35	0	3
GMpower	12394	7.21	1.53	1	9
PEAratio	12394	0.12	0.23	0	1
ln*klr*	12372	3.79	1.42	−4.99	15.57
Foreignratio	12394	0.15	0.32	0	1
SALESfrnet	12394	0.08	0.20	0	1
RD	12394	0.56	0.50	0	1
DISPUTE	12394	0.07	0.26	0	1
IFINANCE	12346	0.95	25.51	−225.53	1947.37
EFINANCE	12346	0.11	2.68	−1.05	272
Avg50（‰）	12394	36.48	4.06	25.78	46.71
Avg60（‰）	12394	31.89	3.69	20.15	41.79
Avg70（‰）	12394	16.78	3.12	6.99	24.52
Avg80（‰）	12394	16.36	1.18	14.21	18.89
Avg90（‰）	12394	15.67	3.07	6.502	22.34
GMedu_IV	12394	5.58	0.49	3	7
Avglnpgdpro54_99	12394	6.27	0.39	5.59	7.87
GDPden（亿元/平方公里）	12394	0.11	0.18	0.005	1.32
POPden（万人/平方公里）	12394	0.05	0.04	0.01	0.23
Avgimmi80_99（‰）	12394	16.88	2.77	12.32	28.46
Fetomwageratio1990	12394	0.84	0.06	0.64	1.00

5.2 基准回归

表5.3给出 Probit 估计的基准回归结果，由于 Probit 为非线性估计，表中汇报的是各变量平均边际效应。表5.3第（1）列以高

中及以上人数占比（*EDU_*1）衡量员工教育，第（2）列以大专及以上人数占比（*EDU_*2）衡量员工教育，两列都使用了 *GMedu* 衡量总经理教育。表 5.3 中控制了企业规模、资本密集度、外资比重、电子商务、研发创新、制度因素和融资约束（内源和外源融资约束）等 7 个企业特征因素，还控制了总经理工作年限、员工工作时间和企业年龄 3 个企业管理因素，以及企业所在省份和所处行业两个哑变量。

表 5.3　　　　　　　　　　　　　基准回归结果

因变量：*EXPdum*	（1）	（2）
*EDU_*1	− 0.010 （0.017）	
*EDU_*2		− 0.001 （0.030）
GMedu	0.024 *** （0.004）	0.024 *** （0.005）
ln*size*	0.082 *** （0.003）	0.082 *** （0.003）
GMyear	0.0004 （0.0002）	0.0004 （0.0002）
Wkhour	0.016 *** （0.002）	0.016 *** （0.002）
AGE	− 0.0002 * （0.0001）	− 0.0002 * （0.0001）
ln*klr*	0.005 （0.003）	0.005 （0.003）
Foreignratio	0.286 *** （0.014）	0.286 *** （0.014）
SALESfrnet	0.375 *** （0.029）	0.375 *** （0.029）
RD	0.078 *** （0.008）	0.078 *** （0.008）

因变量：*EXPdum*	（1）	（2）
DISPUTE	0.005 (0.014)	0.005 (0.014)
IFINANCE	0.0003 *** (0.0001)	0.0003 *** (0.0001)
EFINANCE	0.0005 (0.001)	0.0005 (0.001)
省份哑变量	是	是
行业哑变量	是	是
观测值	12327	12327
Pseudo R^2	0.2956	0.2956

注：表中汇报的是各变量平均边际效应；括号内为省份—行业聚类稳健标准误。＊、＊＊、＊＊＊分别代表10%、5%和1%水平下显著。

表5.3估计结果显示，员工教育水平不影响企业出口决策，无论以 *EDU_1* 衡量，还是 *EDU_2* 衡量，两个系数均不显著，但总经理教育提升可增加企业出口倾向：总经理学历 *GMedu* 提高一等级，企业参与出口的概率增加2.4%，该系数在1%水平显著。表5.3中相关控制变量系数也符合预期，且均在1%水平显著：（1）企业规模 lnsize 增加1%，出口倾向增加0.082%；（2）外资占比 *Foreignratio* 增加1%，出口倾向增加0.286%；（3）电子商务 *SALESfrnet* 增加1%，出口倾向增加0.375%；（4）企业过去两年有研发活动，使2004年出口倾向增加7.8%；（5）内源融资约束 *IFINANCE* 放松1单位，企业出口倾向增加0.03%。但资本密集度、制度因素和外源融资约束三因素对企业出口倾向作用不显著。

企业管理因素中，总经理工作年限 *GMyear* 不影响出口决策；企业年龄 *AGE* 与出口倾向负相关：成立年限每增加1年，企业参与出口概率降低0.02%，系数仅在10%水平显著；员工工作时间延长可在1%水平显著提高企业出口倾向。

归纳表 5.3 估计结果可知：第一，以总经理教育衡量的人力资本可显著提高企业出口倾向，说明在异质性国家的条件下，第 3 章命题 4 成立，即一国企业人力资本 h 越高，该国企业出口竞争力 Φ_X 越高；第二，员工教育虽是企业人力资本构成部分，但不影响企业出口决策；第三，只有内源融资约束影响企业出口决策，外源融资约束作用不显著。

表 5.3 估计结果是否意味着只有企业高层管理者的人力资本影响出口决策？是否还有其他高管因素有同样作用？基准估计是否受到内生性影响？高管是否在不同所有制性质企业都可促进企业出口倾向增加？本书将在 5.3 稳健性检验中分别探讨这些问题。

5.3　稳健性检验

基准回归初步确定高层管理者人力资本提高可促进企业出口倾向增加，为进一步明确这一作用，本书将通过添加更多高管因素、内生性检验以及分组检验等以保证估计结果稳健。

5.3.1　添加更多高管因素

表 5.4 给出在以 *EDU_1*（企业高中及以上人数占比）和 *GMedu*（总经理教育）衡量企业人力资本条件下，加入总经理任命、总经理自主权和企业农民工占比等因素的估计结果，表 5.4 的控制变量与表 5.3 相同。表 5.5 汇报了以 *EDU_2*（企业大专及以上人数占比）和 *GMedu*（总经理教育）衡量企业人力资本条件下加入更多高管因素[1]的估计结果（见表 5.5）。

---

[1]　表 5.5 考察的其他管理因素，除高管任命（*GMappoint*）、高管自主权（*GMpower*）和农民工使用占比（*PEAratio*）外，还包括总经理报酬是中层干部的倍数（*GMsalary*）、总经理报酬是否和公司业绩挂钩（*GMperform*）、企业是否为控股公司子公司（*MEM*）以及普通经理或员工的决策权（*JMdecide*）四方面，由于这四方面因素不显著，本书在表 5.4 并未考察这四方面。

表5.4 考察其他管理因素

因变量：$EXPdum$	（1）	（2）	（3）
EDU_1	-0.010 (0.017)	-0.008 (0.017)	-0.003 (0.016)
$GMedu$	0.024^{***} (0.004)	0.025^{***} (0.004)	0.025^{***} (0.004)
$GMappoint$	-0.032^{***} (0.010)	-0.027^{***} (0.010)	-0.026^{**} (0.010)
$GMpower$		0.011^{***} (0.003)	0.011^{***} (0.003)
$PEAratio$			0.039^{*} (0.020)
ln$size$	0.083^{***} (0.003)	0.083^{***} (0.003)	0.084^{***} (0.003)
$GMyear$	0.00041 (0.00025)	0.00042^{*} (0.00024)	0.00042^{*} (0.00024)
$Wkhour$	0.016^{***} (0.002)	0.015^{***} (0.002)	0.015^{***} (0.002)
AGE	-0.00016^{*} (0.00009)	-0.00016^{*} (0.00008)	-0.00015^{*} (0.00008)
lnklr	0.005^{*} (0.003)	0.006^{*} (0.003)	0.006^{**} (0.003)
$Foreignratio$	0.282^{***} (0.014)	0.281^{***} (0.014)	0.281^{***} (0.014)
$SALESfrnet$	0.373^{***} (0.029)	0.372^{***} (0.029)	0.372^{***} (0.029)
RD	0.077^{***} (0.008)	0.076^{***} (0.008)	0.076^{***} (0.008)
$DISPUTE$	0.005 (0.014)	0.007 (0.014)	0.007 (0.014)
$IFINANCE$	0.00029^{***} (0.00010)	0.00031^{***} (0.00010)	0.00032^{***} (0.00010)

续表

因变量：EXPdum	（1）	（2）	（3）
EFINANCE	0.001 （0.001）	0.00044 （0.001）	0.00048 （0.001）
省份哑变量	是	是	是
行业哑变量	是	是	是
观测值	12327	12327	12327
Pseudo R^2	0.2962	0.2974	0.2977

注：表中汇报的是各变量平均边际效应；括号内为省份—行业聚类稳健标准误。*、**、***分别代表10%、5%和1%水平下显著。

表 5.5　　　　　　　　考察其他管理因素（EDU_2）

因变量： EXPdum	（1）	（2）	（3）	（4）	（5）	（6）	（7）
EDU_2	-0.001 （0.030）	-0.002 （0.030）	-0.002 （0.030）	0.001 （0.030）	0.004 （0.030）	0.004 （0.030）	0.010 （0.030）
GMedu	0.023*** （0.005）	0.023*** （0.005）	0.023*** （0.005）	0.024*** （0.005）	0.024*** （0.005）	0.024*** （0.005）	0.025*** （0.005）
GMappoint	-0.032*** （0.010）	-0.031*** （0.010）	-0.031*** （0.010）	-0.031*** （0.011）	-0.027*** （0.010）	-0.027*** （0.010）	-0.026** （0.010）
GMsalary		0.004 （0.003）	0.004 （0.003）	0.004 （0.003）	0.004 （0.003）	0.004 （0.003）	0.003 （0.003）
GMperform_1			-0.002 （0.007）	-0.001 （0.007）	-0.001 （0.007）	-0.001 （0.007）	-0.001 （0.007）
MEM				-0.011 （0.009）	-0.007 （0.009）	-0.007 （0.009）	-0.007 （0.009）
GMpower					0.011*** （0.003）	0.011*** （0.003）	0.011*** （0.003）
JMdecide						-0.00038 （0.004）	-0.00027 （0.004）

因变量：EXPdum	（1）	（2）	（3）	（4）	（5）	（6）	（7）
PEAratio							0.039 * （0.020）
lnsize	0.083 *** （0.003）	0.083 *** （0.003）	0.083 *** （0.003）	0.083 *** （0.003）	0.083 *** （0.003）	0.083 *** （0.003）	0.084 *** （0.003）
GMyear	0.00042 * （0.00025）	0.00040 （0.00025）	0.00040 （0.00025）	0.00038 （0.00024）	0.00040 * （0.00024）	0.00040 * （0.00024）	0.00039 * （0.00023）
Wkhour	0.016 *** （0.002）	0.016 *** （0.002）	0.016 *** （0.002）	0.015 *** （0.002）	0.015 *** （0.002）	0.015 *** （0.002）	0.015 *** （0.002）
AGE	− 0.00016 * （0.00009）	− 0.00016 * （0.00009）	− 0.00016 * （0.00009）	− 0.00016 * （0.00009）	− 0.00016 * （0.00008）	− 0.00015 * （0.00008）	− 0.00015 * （0.00008）
lnklr	0.005 （0.003）	0.005 （0.003）	0.005 （0.003）	0.005 * （0.003）	0.005 * （0.003）	0.005 * （0.003）	0.006 * （0.003）
Foreignratio	0.282 *** （0.014）	0.278 *** （0.014）	0.278 *** （0.014）	0.279 *** （0.014）	0.278 *** （0.014）	0.278 *** （0.014）	0.278 *** （0.014）
SALESfrnet	0.373 *** （0.029）	0.373 *** （0.029）	0.373 *** （0.029）	0.372 *** （0.029）	0.371 *** （0.029）	0.371 *** （0.029）	0.371 *** （0.029）
RD	0.076 *** （0.008）	0.076 *** （0.008）	0.076 *** （0.008）	0.076 *** （0.008）	0.075 *** （0.008）	0.075 *** （0.008）	0.075 *** （0.008）
DISPUTE	0.005 （0.014）	0.005 （0.014）	0.005 （0.014）	0.005 （0.014）	0.007 （0.014）	0.007 （0.014）	0.007 （0.014）
IFINANCE	0.00029 *** （0.0001）	0.00029 *** （0.0001）	0.00029 *** （0.0001）	0.00029 *** （0.0001）	0.00031 *** （0.0001）	0.00031 *** （0.0001）	0.00031 *** （0.0001）
EFINANCE	0.00048 （0.001）	0.00049 （0.001）	0.00049 （0.001）	0.00051 （0.001）	0.00044 （0.001）	0.00044 （0.001）	0.00049 （0.001）
省份哑变量	是	是	是	是	是	是	是
行业哑变量	是	是	是	是	是	是	是
观测值	12327	12327	12327	12327	12327	12327	12327
Pseudo R^2	0.2961	0.2963	0.2963	0.2963	0.2975	0.2975	0.2978

注：表中汇报的是各变量平均边际效应；括号内为省份—行业聚类稳健标准误。 * 、 ** 、 *** 分别代表10% 、5% 和1% 水平下显著。

与表5.3结果一致，表5.4中员工教育（*EDU_1*）不影响企业出口决策，但总经理教育提升可提高企业出口倾向：*GMedu* 提升一等级，企业参与出口概率增加2.4%～2.5%，系数在1%水平显著。总经理由政府任命（*GMappoint*）将显著降低企业出口倾向2.6%～3.2%，说明政府干预（要企业听命政府，发展本地经济）不利于企业参与国际竞争。总经理在生产、投资或人事使用上的自主权（*GMpower*）越大，企业参与出口的倾向越高：自主权提高1单位，企业参与出口的概率显著提高1.1%。企业增加农民工使用（*PEAratio*）也可提高出口倾向：农民工占比增加1%，出口概率增加0.039%，系数在10%水平显著。由于农民工是低技术、低成本劳动力典型代表，由农民工使用增加企业出口倾向可知，我国制造业企业出口的是与之相匹配的低技术、低价格产品。

表5.4中控制变量的系数与表5.3估计结果基本一致：（1）企业规模 ln*size* 增加1%，出口倾向显著增加0.083%；（2）外资占比 *Foreignratio* 增加1%，出口倾向显著增加0.281%；（3）电子商务 *SALESfrnet* 增加1%，出口倾向显著增加0.372%；（4）企业过去两年有研发活动，使2004年出口倾向显著增加了7.6%；（5）内源融资约束 *IFINANCE* 放松1单位，企业出口倾向显著增加约0.03%。与表5.3相同，制度因素 *DISPUTE* 和外源融资约束 *EFINANCE* 依然不影响企业出口决策，但考虑更多管理因素后，企业资本密集度 ln*klr* 增长1%可带来出口倾向微弱增长约0.005%，系数在10%水平显著。

表5.4还显示，总经理工作年限 *GMyear* 对企业出口作用系数小，且显著性不明确。企业年龄 *AGE* 与出口倾向负相关：成立年限每增加1年，企业参与出口概率降低0.02%，系数在10%水平显著，说明新成立企业更容易进入国际市场，参与国际竞争。另外员工工作时间延长可（在1%水平）显著提高企业出口倾向。

表5.5报告了与表5.4一致的估计结果。归纳表5.4和表5.5结果可知：第一，来自企业高层的因素影响其出口倾向。以总经理教育衡量的人力资本提高可带来企业出口倾向增加，证明了第3章

命题 4 在异质性国家条件下依然成立，但员工教育不影响企业出口。总经理在企业生产、投资或人事任命中的自主权越大，企业出口概率越高，但总经理本身若由政府任命，将降低企业从事出口的概率。第二，农民工占比增加可提高企业出口倾向，反映了我国制造业多出口与之相匹配的低技术、低价格产品。第三，只有内源融资约束影响企业出口决策，外源融资约束作用不显著。

5.3.2　内生性检验

表 5.3 和表 5.4 的检验证明增加总经理教育提高了企业出口倾向，但本书仍怀疑这种正向作用可能来自遗漏变量，因为总经理教育和企业出口倾向都是截面数据，若回归中遗漏了与两者都相关的变量，则估计出的正向作用仅反映一种相关性，而非因果关系。因此，本书首先使用工具变量检验了总经理教育的内生性。

根据余林徽等（2013）的方法，本书以每个城市各行业总经理教育的均值作为企业 *GMedu* 的工具变量。使用该工具变量是合适的：一是企业总经理教育与城市中该行业总经理教育的平均水平密切相关；二是出口企业为参与国际竞争可能会使用高教育水平总经理，但企业的出口状态不影响城市中一个行业的总经理平均教育水平，因此消除了反向因果关系；三是可能存在宏观经济因素，同时影响企业出口决策和城市中行业的总经理平均教育水平。为此本书控制了：（1）1954～1999 年各省区市人均 GDP 平均增长率（*Avgl-npgdpro*54_99），衡量各省区市过去的经济增长。经济增长与出口贸易相关，过去的经济增长部分反映了该地区出口条件，这影响了 2004 年该地区企业的出口决策。（2）城市 GDP 密度（*GDPden*），反映了城市现在的经济发展水平。经济越发达越可能吸引高教育水平的总经理，且经济发达地区企业具有技术优势，因而更容易出口。

表 5.6 汇报了使用极大似然法（MLE）估计的结果，前两列员工教育以 *EDU*_1 衡量，后两列员工教育以 *EDU*_2 衡量，第（1）和第（3）列为 ivprobit 第一阶段估计结果。表 5.6 底部内生性检验

表明，在 10% 水平上都不能拒绝 "GMedu 为外生变量" 的原假设，从而说明理论上企业总经理教育可能是内生变量，但统计意义上这种可能性并不显著，因此可接受表 5.4 非工具变量的估计结果。

表 5.6　　　　　　　内生性检验：总经理教育（GMedu）

因变量	（1）GMedu	（2）EXPdum	（3）GMedu	（4）EXPdum
EDU_1	0.510 *** (0.0337)	−0.031 (0.0715)		
EDU_2			1.007 *** (0.0481)	−0.00346 (0.139)
GMedu		0.128 ** (0.0623)		0.125 * (0.0647)
GMedu_IV	0.708 *** (0.0147)		0.690 *** (0.0145)	
GMappoint	−0.0549 *** (0.0203)	−0.0977 ** (0.0394)	−0.0464 ** (0.0204)	−0.0979 ** (0.0394)
GMpower	−0.0202 *** (0.00483)	0.0419 *** (0.0101)	−0.0182 *** (0.00474)	0.0420 *** (0.0101)
PEAratio	−0.241 *** (0.0422)	0.160 ** (0.0794)	−0.248 *** (0.0426)	0.164 ** (0.0800)
lnsize	0.132 *** (0.00597)	0.313 *** (0.0182)	0.146 *** (0.00583)	0.313 *** (0.0191)
GMyear	−0.000731 (0.00112)	0.00161 * (0.000926)	−0.000870 (0.00113)	0.00162 * (0.000929)
Wkhour	−0.0452 *** (0.00510)	0.0583 *** (0.00931)	−0.0428 *** (0.00496)	0.0587 *** (0.00929)
AGE	−0.000422 ** (0.000188)	−0.000563 * (0.000316)	−0.000345 * (0.000191)	−0.000566 * (0.000313)
lnklr	0.0625 *** (0.00633)	0.0206 * (0.0124)	0.0594 *** (0.00636)	0.0199 (0.0125)
Foreignratio	0.294 *** (0.0303)	1.057 *** (0.0637)	0.284 *** (0.0287)	1.056 *** (0.0635)

因变量	(1) *GMedu*	(2) *EXPdum*	(3) *GMedu*	(4) *EXPdum*
SALESfrnet	0.116 *** (0.0440)	1.409 *** (0.117)	0.0973 ** (0.0439)	1.409 *** (0.117)
RD	0.149 *** (0.0173)	0.285 *** (0.0331)	0.119 *** (0.0174)	0.285 *** (0.0325)
DISPUTE	0.0441 (0.0294)	0.0234 (0.0522)	0.0543 * (0.0288)	0.0233 (0.0524)
IFINANCE	-0.000144 (0.000236)	0.00120 *** (0.000372)	-0.000188 (0.000233)	0.00119 *** (0.000372)
EFINANCE	-0.000581 (0.00152)	0.00183 (0.00569)	-0.000331 (0.00164)	0.00174 (0.00561)
Avglnpgdpro54_99	-0.0584 (0.0561)	1.195 *** (0.351)	-0.0162 (0.0620)	1.195 *** (0.352)
GDPden	-0.159 *** (0.0493)	0.179 (0.169)	-0.145 *** (0.0553)	0.178 (0.169)
省份哑变量	是	是	是	是
行业哑变量	是	是	是	是
观测值	12327	12327	12327	12327
内生性检验（Wald test）	(0.5832)		(0.6096)	

注：括号内为省份—行业聚类稳健标准误。*、**、*** 分别代表 10%、5% 和 1% 水平下显著。内生性检验汇报的是 wald 统计量 p 值。

表 5.4 和表 5.6 估计结果一致：第一，无论以 *EDU_1* 还是 *EDU_2* 衡量，员工教育不影响企业出口决策，而总经理教育提升可显著促进企业出口倾向增加（使用工具变量后，作用系数增大至原来 5 倍）；第二，总经理由政府任命降低了企业出口概率，但总经理在企业中自主权越大，企业使用农民工比重越高，企业出口倾向越高；第三，控制变量中，企业规模增大、外资比重提高、电子商务增加、进行研发创新或缓解内部融资约束，可显著提高企业参与

国际竞争的概率，企业资本密集度、制度因素和外源融资约束对企业参与出口作用不显著；第四，使用工具变量后总经理工作时间增加 1 年，可促进企业出口倾向增加 0.16%，虽然统计上该系数在 10% 水平显著，其经济意义并不大。与表 5.4 一致，增加员工工作时间可促进企业出口倾向增加，但企业出口倾向随企业年龄增加而降低（AGE 的负向作用系数也较小）。另外，新控制的两个变量中，各省区市过去的经济增长促进了企业出口倾向增加，但现在的 GDP 水平正向作用不显著[①]。

基于表 5.6，本书可判断总经理教育提高了企业出口倾向，这是一种因果关系。但员工教育不影响企业出口决策的结论，是否受到内生性影响？本书再次使用工具变量进行检验，表 5.7 汇报了估计结果。

表 5.7　　　　　　　　内生性检验：员工教育

因变量	（1）EDU_1	（2）$EXPdum$	（3）EDU_2	（4）$EXPdum$
EDU_1		−0.122 (1.138)		
EDU_2				−0.307 (3.266)
$Avg50$	−0.0116 *** (0.00327)		−0.00734 *** (0.00279)	
$Avg60$	0.0512 *** (0.00966)		0.0270 *** (0.00722)	
$Avg70$	−0.0923 *** (0.0161)		−0.0468 *** (0.0127)	
$Avg80$	−0.0288 * (0.0150)		−0.0190 * (0.0101)	

① 可能过去的经济增长率（$Avglnpgdpro54\_99$）影响了现在的经济增长水平（$GDPden$），两者存在共线性，影响了 $GDPden$ 显著性。

续表

因变量	（1）EDU_1	（2）EXPdum	（3）EDU_2	（4）EXPdum
Avg90	0.024 *** (0.00744)		0.0179 *** (0.00574)	
GMedu	0.0489 *** (0.00276)	0.0997 * (0.0568)	0.0370 *** (0.00190)	0.105 (0.119)
GMappoint	0.000409 (0.00645)	−0.104 *** (0.0393)	−0.00705 * (0.00381)	−0.106 ** (0.0421)
GMpower	−0.00327 *** (0.00125)	0.0417 *** (0.0113)	−0.00372 *** (0.000948)	0.0409 ** (0.0173)
PEAratio	−0.168 *** (0.0108)	0.126 (0.205)	−0.0730 *** (0.00476)	0.124 (0.256)
lnsize	0.00720 *** (0.00207)	0.317 *** (0.0158)	−0.0116 *** (0.00146)	0.313 *** (0.0459)
GMyear	−0.000562 *** (0.000134)	0.00159 (0.00115)	−0.000147 ** (0.000062)	0.00161 (0.00107)
Wkhour	−0.0159 *** (0.00153)	0.0553 *** (0.0204)	−0.00968 *** (0.000963)	0.0542 (0.0340)
AGE	0.000064 (0.000058)	−0.000583 * (0.000332)	−0.000039 (0.000029)	−0.000602 * (0.000328)
lnklr	0.0286 *** (0.00197)	0.0274 (0.0346)	0.0162 *** (0.00122)	0.0288 (0.0541)
Foreignratio	0.0332 *** (0.0106)	1.066 *** (0.0660)	0.0270 *** (0.00796)	1.069 *** (0.0864)
SALESfrnet	−0.000863 (0.0120)	1.428 *** (0.116)	0.0169 ** (0.00765)	1.431 *** (0.117)
RD	0.0281 *** (0.00497)	0.297 *** (0.0469)	0.0419 *** (0.00312)	0.306 ** (0.136)
DISPUTE	0.00752 (0.00743)	0.0217 (0.0531)	−0.00583 (0.00508)	0.0190 (0.0548)
IFINANCE	0.000049 (0.0001)	0.00121 *** (0.000368)	0.000068 (0.000048)	0.00122 *** (0.00041)

续表

因变量	（1）EDU_1	（2）EXPdum	（3）EDU_2	（4）EXPdum
EFINANCE	0.00208 * （0.00107）	0.00188 （0.00591）	0.000861 （0.000774）	0.00185 （0.00580）
Avglnpgdpro54_99	0.0916 *** （0.0202）	0.156 （0.0961）	0.0311 ** （0.0141）	0.155 * （0.0915）
GDPden	0.0230 （0.0298）	0.247 （0.153）	− 0.0246 ** （0.0122）	0.233 （0.234）
POPden	− 0.200 （0.128）	− 0.689 （0.633）	0.424 *** （0.0977）	− 0.553 （1.358）
Avgimmi80_99	− 0.00398 （0.00608）	− 0.0888 *** （0.0313）	− 0.00595 （0.00466）	− 0.0878 ** （0.0404）
Fetomwageratio1990	1.260 *** （0.197）	− 4.701 *** （1.740）	0.671 *** （0.130）	− 4.657 ** （2.209）
省份哑变量	是	是	是	是
行业哑变量	是	是	是	是
观测值	12327	12327	12327	12327
内生性检验（Wald test）	（0.9236）		（0.9159）	

注：括号内为省份—行业聚类稳健标准误。*、**、*** 分别代表 10%、5% 和 1% 水平下显著。内生性检验汇报的是 wald 统计量 p 值。

根据 3.1 节 QQ 替代理论，本书使用了 5 组省区市每 10 年平均生育率（$Avg50$、$Avg60$、$Avg70$、$Avg80$ 和 $Avg90$）作为员工教育的工具变量。使用该工具变量是合适的：一是生育率提高后，家庭基于最优选择会减少每位后代子女的教育投入，因此生育率和员工教育负相关。二是企业员工能力有限，很少跨区域流动，多在本省内从农村进入城市打工，因此员工教育和本省生育率负相关。另外，生育率取 1954～1999 年滞后值，保证其不受 2004 年企业出口决策影响。三是可能存在宏观因素同时影响家庭生育选择和企业出口决策。为此本书控制了：（1）人均 GDP 平均增长率（$Avglnpgdpro54\_99$），衡量各省区市 1954～1999 年平均经济增长率。曾毅等（2010）指出经济增长与生育率负相关，生育率并非完全的外生变量，而经济增长又与出口贸易相关，过去的增长部分反映了该地区出口条件，进而影响 2004 年该地区企业出口倾向，因此需控制这一因素。（2）GDP 密度（*GDPden*）衡量城市现在经济发展水平。城市经济越发达越可能吸引高教育水平员工，且经济发达地区企业具有技术优势，更容易出口，因此本书控制了 GDP 密度（以 2002 年和 2003 年滞后值衡量）。（3）城市人口密度（*POPden*），生育率越高，城市人口越多，人口禀赋增加有利于企业大规模生产，出口倾向增加。这一作用渠道不同于"生育率通过影响员工教育影响企业出口决策"，因此本书控制了城市人口密度（以 2002 年和 2003 年滞后值衡量）。（4）人口迁入率（*Avgimmi80_99*），改革开放后，我国逐渐放松户籍管制，允许人口跨省流动，造成一省份员工教育可能与其他省份生育率相关，为此本书控制了 1980~1999 年各省份平均人口迁入率。（5）性别工资比（*Fetomwageratio*1990），据第 3 章可知，女性相对工资越高，生育率越低而后代子女教育投入越多，因此性别工资影响员工教育，而性别工资同时影响女性劳动供给和企业出口，为此本书控制了该因素。

　　表 5.7 汇报了使用极大似然法（MLE）估计的结果，其中前两列员工教育以 *EDU_*1 衡量，后两列员工教育以 *EDU_*2 衡量，第（1）列和第（3）列为 *ivprobit* 第一阶段估计结果。表 5.6 底部内生性检验表明，不能拒绝"员工教育为外生变量"的原假设，这可能因为本书已取 2002 年和 2003 年滞后值衡量员工教育，因此可接受表 5.4 未使用工具变量的估计结果。比较表 5.4 和表 5.7 第（2）列和第（4）列，可知两者估计结果一致：员工教育对企业出口倾向作用为负且不显著，总经理教育增加显著提高了企业参与出口的概率（可能教育水平高的总经理组建了高生产率企业，越过了固定成本"门槛"而参与出口，也可能高教育水平总经理有国际化视野，敢于参与国际竞争）。

　　本书同样关注表 5.7 第（1）、（3）两列第一阶段的估计结果。首先，与理论预期一致，20 世纪 50 年代、70 年代和 80 年代生育率与员工教育负相关，特别是 70 年代负向作用系数最大。但 20 世纪60年代（*Avg*60）和90年代（*Avg*90）生育率与员工教育正相关，其中 *Avg*60 为 "文革" 前 1960~1965 年平均生育率，包括三年自然灾害的后两年（1960 年和 1961 年），自然灾害造成人口非正常的死亡率上升，生育率下降，这可能是造成估计系数为正的原因；80 年代后我国实行严格的独生子女政策，控制了家庭生育子女的数量，因此生育率对教育的负向作用明显降低，表5.7 中 *Avg*80 系数仅为 *Avg*70 系数的 30%~50%，90 年代后随我国高中以上教育进一步普及，生育率对员工教育的作用系数由负转正。其次，表5.7 新控制的变量中，与预期一致，各省区市过去经济增长越快（*Avglnpgdpro*54_99），女性相对于男性工资（1990 年滞后值）越高，企业员工教育水平越高，但 GDP 密度（*GDPden*）、人口密度（*POPden*）及各省份人口迁入情况（*Avgimmi*80_99）对员工教育作用不显著或不明确。

5.3.3 分组检验

根据表5.6 和表5.7 内生性检验，本书明确总经理教育水平提升了企业出口倾向，这是一种因果关系，但员工教育没有这种作用，即表5.4 估计结果稳健。但表5.4 为全样本估计，本书仍不明确在不同所有制企业中这一作用是否依然存在。为此，文本分别在国有企业、民营企业和外资企业样本中进行检验，表5.8 汇报了分组检验的结果。

表5.8 分组检验

因变量： *EXPdum*	国有企业		民营企业		外资企业	
	(1)	(2)	(3)	(4)	(5)	(6)
*EDU*_1	0.014 (0.034)		0.023 (0.021)		−0.121 *** (0.037)	
*EDU*_2		0.039 (0.055)		0.090 ** (0.037)		−0.198 *** (0.050)

续表

因变量: EXPdum	国有企业		民营企业		外资企业	
	(1)	(2)	(3)	(4)	(5)	(6)
GMedu	0.014 (0.010)	0.013 (0.011)	0.027 *** (0.005)	0.024 *** (0.005)	0.016 (0.011)	0.018 * (0.011)
GMappoint	-0.031 ** (0.015)	-0.031 ** (0.015)	-0.013 (0.018)	-0.013 (0.018)	-0.029 (0.063)	-0.024 (0.062)
GMpower	0.017 *** (0.005)	0.017 *** (0.005)	0.006 * (0.003)	0.006 * (0.003)	0.010 (0.006)	0.009 (0.006)
PEAratio	0.067 (0.048)	0.066 (0.047)	0.031 (0.024)	0.035 (0.023)	0.067 (0.052)	0.072 (0.051)
lnsize	0.092 *** (0.006)	0.092 *** (0.006)	0.086 *** (0.004)	0.087 *** (0.004)	0.044 *** (0.009)	0.038 *** (0.009)
GMyear	0.001 (0.002)	0.001 (0.002)	0.00032 (0.00021)	0.00032 (0.00021)	0.003 (0.002)	0.004 (0.002)
Wkhour	0.010 * (0.006)	0.010 * (0.006)	0.015 *** (0.003)	0.015 *** (0.003)	0.016 *** (0.006)	0.016 *** (0.006)
AGE	-0.00015 (0.00019)	-0.00015 (0.00019)	-0.00014 (0.00009)	-0.00013 (0.00009)	0.002 (0.002)	0.002 (0.002)
lnklr	0.026 *** (0.006)	0.026 *** (0.006)	0.001 (0.004)	0.00016 (0.004)	0.009 (0.008)	0.008 (0.007)
Foreignratio	0.334 *** (0.082)	0.332 *** (0.082)	0.376 *** (0.061)	0.369 *** (0.060)	0.098 * (0.052)	0.100 * (0.051)
SALESfrnet	0.395 *** (0.054)	0.393 *** (0.054)	0.426 *** (0.034)	0.425 *** (0.034)	0.200 *** (0.040)	0.208 *** (0.039)
RD	0.111 *** (0.018)	0.110 *** (0.019)	0.070 *** (0.011)	0.067 *** (0.011)	0.027 * (0.016)	0.036 ** (0.016)
DISPUTE	0.015 (0.026)	0.016 (0.026)	0.020 (0.018)	0.021 (0.018)	-0.048 (0.033)	-0.052 (0.034)

因变量：EXPdum	国有企业		民营企业		外资企业	
	（1）	（2）	（3）	（4）	（5）	（6）
IFINANCE	0.008*** (0.003)	0.008*** (0.003)	0.00027** (0.00011)	0.00026** (0.00011)	−0.00036 (0.00078)	−0.00039 (0.00076)
EFINANCE	0.035** (0.017)	0.035** (0.017)	−0.002 (0.005)	−0.002 (0.005)	0.007 (0.013)	0.006 (0.013)
省份哑变量	是	是	是	是	是	是
行业哑变量	是	是	是	是	是	是
观测值	2643	2643	7838	7838	1750	1750
Pseudo R^2	0.3093	0.3094	0.2432	0.2438	0.2659	0.2687

注：表中汇报的是各变量平均边际效应；括号内为省份—行业聚类稳健标准误。*、**、***分别代表10%、5%和1%水平下显著。

1. 国有企业的估计结果分析

表5.8前两列汇报了国有企业样本估计系数和对应的省份—行业聚类稳健标准误。（1）员工教育（EDU_1或EDU_2）和总经理教育（GMedu）对国有企业的出口倾向作用不显著。（2）控制变量中企业规模增大、外资比重提高、电子商务增加、进行研发创新或缓解内部融资约束，可显著提高企业参与出口的概率，制度因素对企业参与出口作用不显著，这与表5.4中全样本估计结果一致；与之不同的是，提高资本密集度（lnklr）或缓解外源融资约束（EFINANCE）可促进国有企业出口倾向增加，说明国有企业多出口资本密集型产品且国有企业面临外源融资约束。（3）企业管理因素中，总经理由政府任命显著降低了企业出口倾向，总经理自主权增加或员工工作时间延长则显著提高了企业出口倾向。另外总经理工作年限、企业年龄或农民工占比不影响国有企业参与国际竞争的概率，这再次说明国企多生产并出口资本密集型产品。

2. 民营企业的估计结果分析

表5.8第（3）列和第（4）列汇报了民营企业样本估计系数和对应的省份—行业聚类稳健标准误。（1）企业大专及以上员工占比（EDU_2）增加或总经理教育提升可促进企业参与出口竞争，但高中及以上员工占比（EDU_1）正向作用不显著。（2）控制变量中企业规模增大、外资比重提高、电子商务增加、进行研发创新或缓解内部融资约束可显著提高企业参与国际竞争的概率，资本密集度（$\ln klr$）、制度因素或外源融资约束（$EFINANCE$）对企业参与出口作用不显著，这与表5.4中全样本估计结果一致。（3）企业管理因素中，总经理自主权增加或员工工作时间延长可显著提高企业出口倾向，而总经理由政府任命、总经理工作年限、企业年龄或农民工占比对企业出口倾向作用不显著。

3. 外资企业的估计结果分析

表5.8最后两列汇报了外资企业样本估计系数和对应的省份—行业聚类稳健标准误。（1）员工教育（EDU_1或EDU_2）对外资企业出口倾向作用显著为负，只有控制了企业大专及以上员工占比（EDU_2）时，总经理教育提升才显著促进企业的出口倾向。（2）控制变量中企业规模增大、外资比重提高、电子商务增加或进行研发创新可显著提高企业出口概率，资本密集度、制度因素及融资约束（外源和内源约束）对企业参与出口作用不显著。（3）企业管理因素中，仅员工工作时间延长可显著提高企业出口倾向，总经理由政府任命、总经理自主权增加、农民工占比、总经理工作年限或企业年龄都对外资企业出口作用不显著，说明外资企业出口倾向高（据2005年调查，75.13%被调查的外资企业有出口行为）并非出于企业高效管理且较少来自总经理的推动作用，更多是由于外资企业利用我国廉价劳动力进行加工装配，再销往海外关联企业。

总结表5.8可知，不同所有制企业参与出口的影响因素不同，要有针对性地提出促进出口策略。首先，由于国有企业多出口资本密集型产品，因此需要更多资金支持才能促进其出口倾向增加（特别是外部资金支持），另外国企的人力资本，无论以总经理教育还是员工教育衡量，没能促进企业出口倾向增加，而政府对总经理任命的干预降低了国企出口倾向，因此，国有企业要参与国际市场，需降低政府干预并发挥人力资本的作用。其次，民营企业参与出口受总经理教育和企业大专以上人才占比影响显著，因此，需注重人力资本对民营企业出口决策的作用。最后，由于外资企业多利用我国廉价劳动力加工装配产品后再出口，因此，员工教育提高降低了外资企业出口倾向，但总经理教育增加可提高企业出口概率。

民营企业中哪些因素影响了员工教育或总经理教育对企业参与出口的作用？外企企业中总经理教育又是如何影响其参与出口的概率？为明确各种影响因素，本书在 5.3.4 使用交互项检验了各类影响因素。

5.3.4　影响因素检验

为方便比较，本节使用企业大专及以上人数占比（EDU_2）衡量员工教育。

1. 对民营企业的检验

表 5.9 汇报了民营企业样本估计结果。与表 5.8 第（4）列一致，表 5.9 第（5）列显示：（1）员工教育和总经理教育提升都可促进民营企业出口倾向增加，但总经理作用更大：EDU_2 增长 1%，企业参与出口概率增加 0.073%，总经理教育提升 1 等级，出口概率增加 4.3%。（2）控制变量中企业规模增大、外资比重提高、电子商务增加、进行研发创新或缓解内部融资约束可显著提高企业参与国际竞争的概率，资本密集度和制度因素对企业参与出口作用不显著。（3）企业管理因素中，增加总经理自主权或延长员工工作时间可提高企业出口倾向，但总经理由政府任命、总经理工作年限、企业年龄或农民工占比对企业出口倾向作用不显著。

表5.9 民营企业的影响因素分析

因变量：EXPdum	（1）	（2）	（3）	（4）	（5）
EDU_2	0.070 * （0.039）	0.09 ** （0.037）	0.092 ** （0.037）	0.092 ** （0.037）	0.073 * （0.039）
GMedu	0.024 *** （0.005）	0.034 *** （0.007）	0.031 *** （0.006）	0.028 *** （0.006）	0.043 *** （0.008）
GMappoint	−0.013 （0.018）	−0.015 （0.018）	−0.014 （0.018）	−0.012 （0.018）	−0.014 （0.018）
GMpower	0.006 * （0.003）	0.006 * （0.003）	0.006 * （0.003）	0.006 * （0.003）	0.006 * （0.003）
PEAratio	0.003 （0.031）	0.034 （0.023）	0.035 （0.024）	0.035 （0.024）	0.002 （0.031）
lnsize	0.087 *** （0.004）	0.087 *** （0.004）	0.087 *** （0.004）	0.087 *** （0.004）	0.086 *** （0.004）
GMyear	0.00031 （0.00020）	0.009 ** （0.004）	0.00031 （0.00020）	0.00032 （0.00021）	0.008 ** （0.004）
Wkhour	0.015 *** （0.003）	0.015 *** （0.003）	0.015 *** （0.003）	0.015 *** （0.003）	0.015 *** （0.003）
AGE	−0.00013 （0.00009）	−0.00014 （0.00009）	−0.00014 （0.00009）	−0.00013 （0.00009）	−0.00014 （0.00009）
lnklr	0.00014 （0.004）	0.00009 （0.004）	0.00004 （0.004）	−0.00010 （0.004）	−0.00036 （0.004）
Foreignratio	0.369 *** （0.060）	0.368 *** （0.061）	0.368 *** （0.060）	0.366 *** （0.061）	0.362 *** （0.061）
SALESfrnet	0.423 *** （0.034）	0.422 *** （0.034）	0.852 *** （0.179）	0.424 *** （0.034）	0.844 *** （0.179）
RD	0.067 *** （0.011）	0.066 *** （0.011）	0.066 *** （0.011）	0.068 *** （0.011）	0.065 *** （0.010）
DISPUTE	0.021 （0.018）	0.021 （0.018）	0.021 （0.018）	0.022 （0.018）	0.023 （0.018）

因变量：EXPdum	（1）	（2）	（3）	（4）	（5）
IFINANCE	0.00026 ** （0.00011）	0.00027 ** （0.00011）	0.00026 ** （0.00011）	0.00022 ** （0.00010）	0.00022 ** （0.00010）
EFINANCE	−0.002 （0.005）	−0.002 （0.005）	−0.002 （0.005）	0.215 *** （0.074）	0.216 *** （0.073）
EDU_2 × PEAratio	0.004 * （0.002）				0.004 * （0.002）
GMedu × GMyear		−0.001 ** （0.001）			−0.001 ** （0.001）
GMedu × SALESfrnet			−0.076 ** （0.032）		−0.076 ** （0.032）
GMedu × EFINANCE				−0.042 *** （0.015）	−0.042 *** （0.015）
省份哑变量	是	是	是	是	是
行业哑变量	是	是	是	是	是
观测值	7838	7838	7838	7838	7838
Pseudo R^2	0.2442	0.2443	0.2448	0.2453	0.2472

注：表中汇报的是各变量平均边际效应；括号内为省份—行业聚类稳健标准误。*、
、*分别代表 10%、5% 和 1% 水平下显著。

表 5.9 交互项检验发现 EDU_2 × PEAratio 系数在 10% 水平显
著：农民工占比（PEAratio）增加促进了员工教育对企业出口倾向
的作用，农民工占比增加 1%，员工教育对企业参与出口的作用增
加 0.004%。大专以上人才在民营企业中多处于技术或管理岗位，
在他们领导下使用低技术的农民工促进了企业出口概率，说明民营
企业出口的是与之相匹配的低技术劳动密集型产品。

表 5.9 中交互项 GMedu × GMyear、GMedu × SALESfrnet 和
GMedu × EFINANCE 三项作用系数显著为负，说明虽然增加总经理

教育本身可提高企业出口概率，但作用发挥受到总经理工作年限、电子商务和外部融资约束干扰。总经理工作越久，教育提升对企业出口的促进越弱；电子商务普及降低了总经理教育对企业出口的促进作用；与孙灵燕和李荣林（2011）结论一致，民营企业面临外部融资约束，放松外部融资约束（*EFINANCE*）促进了企业参与出口，但放松约束后企业支付利息的增加，限制了总经理教育对企业出口倾向促进作用。

2. 对外资企业的检验

表 5.10 汇报了外资企业样本估计结果。与表 5.8 第（6）列一致，表 5.10 第（3）列显示：（1）员工教育增加降低了外资企业出口倾向，总经理教育提升促进了企业参与出口的概率且总经理的作用更大：*EDU_*2 增长 1%，企业参与出口概率降低 0.493%，总经理教育提升 1 等级，出口概率增加 2.2%。（2）控制变量中企业规模增大、外资比重提高、电子商务增加或进行研发创新可显著提高企业出口概率，资本密集度、制度因素及外源融资约束对企业参与出口作用不显著。（3）企业管理因素中，仅员工工作时间延长可显著提高企业出口倾向。

表 5.10　　　　　　　　　　外资企业的影响因素分析

因变量：*EXPdum*	（1）	（2）	（3）
*EDU_*2	− 0. 491 *** (0. 166)	− 0. 198 *** (0. 050)	− 0. 493 *** (0. 165)
GMedu	0. 018 * (0. 011)	0. 021 * (0. 011)	0. 022 * (0. 012)
GMappoint	− 0. 022 (0. 063)	− 0. 026 (0. 061)	− 0. 025 (0. 062)
GMpower	0. 01 (0. 006)	0. 009 (0. 006)	0. 009 (0. 006)

续表

因变量：EXPdum	(1)	(2)	(3)
PEAratio	0.066 (0.052)	0.074 (0.051)	0.067 (0.052)
lnsize	0.037*** (0.009)	0.039*** (0.009)	0.038*** (0.009)
GMyear	0.004 (0.002)	0.004 (0.002)	0.004 (0.002)
Wkhour	0.015** (0.006)	0.016*** (0.006)	0.015** (0.006)
AGE	0.002 (0.002)	0.002 (0.002)	0.002 (0.002)
lnklr	−0.006 (0.011)	0.009 (0.007)	−0.006 (0.011)
Foreignratio	0.103** (0.051)	0.101** (0.051)	0.104** (0.051)
SALESfrnet	0.207*** (0.039)	0.206*** (0.039)	0.204*** (0.039)
RD	0.038** (0.016)	0.036** (0.016)	0.039** (0.016)
DISPUTE	−0.051 (0.033)	−0.051 (0.034)	−0.051 (0.033)
IFINANCE	−0.00038 (0.00070)	0.027* (0.015)	0.03* (0.017)
EFINANCE	0.006 (0.013)	0.004 (0.008)	0.004 (0.009)
EDU_2 × lnklr	0.06* (0.033)		0.061* (0.033)

因变量：*EXPdum*	(1)	(2)	(3)
GMedu × *IFINANCE*		−0.005 * (0.003)	−0.005 * (0.003)
省份哑变量	是	是	是
行业哑变量	是	是	是
观测值	1750	1750	1750
Pseudo R^2	0.2713	0.2703	0.2729

注：表中汇报的是各变量平均边际效应；括号内为省份—行业聚类稳健标准误。＊、＊＊、＊＊＊分别代表10%、5%和1%水平下显著。

表5.10交互项检验发现 $EDU\_2 \times \ln klr$ 系数在10%水平显著：企业资本密集度（$\ln klr$）增加有助于员工教育提升带来更高的企业出口倾向，资本密集度增长1%，员工教育对企业参与出口的作用增加0.061%。这一检验结果说明，虽然高教育员工本身不利于企业参与出口，但随企业资本密集度提升，如在资本密集型行业或技术密集型行业，使用高教育水平员工还是有助于企业参与出口的。

外资企业中，总经理教育提升对企业出口倾向作用（2.2%）明显小于民营企业（4.3%），总经理自主权也不能显著促进企业参与出口，再次证明外资企业高出口倾向并非来自管理层的推动，更多是由于外资企业利用我国廉价要素加工装配为产成品后再销往海外。交互项 *GMedu* × *IFINANCE* 系数显著为负，说明随利润增加，企业内源融资约束缓解，但这降低了总经理教育对企业出口倾向的作用。

5.4　本章结论

本章以企业出口倾向衡量一国出口竞争力，基于世界银行2005年中国企业投资环境调查数据，使用 Probit 估计证实了第3章命题

4 "开放经济中，一国企业人力资本（h）越高，该国企业出口竞争力 Φ_X 越高" 在异质性国家条件下成立。

本章以劳动力教育水平（包括员工教育和总经理教育两方面）衡量企业人力资本 h。2005 年总样本的检验发现：第一，总经理教育提升可显著促进企业出口倾向增加，这是一种因果关系，但员工教育不影响企业出口倾向；第二，总经理由政府任命降低了企业出口概率，但总经理在企业中自主权越大，企业使用农民工比重越高，企业出口倾向越高；第三，企业规模增大、外资比重提高、电子商务增加、进行研发创新或缓解内部融资约束可显著提高企业参与国际竞争的概率，企业资本密集度、制度因素和外源融资约束对企业参与出口作用不显著。根据企业所有权不同进行的分样本检验发现：

第一，国有企业中员工教育和总经理教育对企业出口倾向作用不显著，总经理由政府任命显著降低了出口倾向，总经理自主权增加或员工工作时间延长则显著提高了出口倾向。另外，提高资本密集度有助于促进国有企业出口倾向增加。

第二，民营企业中员工教育（EDU_2）和总经理教育提升都可促进企业出口倾向增加，其中总经理作用更大。增加总经理自主权或延长工作时间可提高企业出口倾向，总经理由政府任命等因素不影响企业参与出口。另外，总经理教育虽可提高民营企业出口倾向，但其作用发挥受到总经理工作年限、电子商务和外部融资约束干扰，放松外部融资约束促进了企业参与出口，但放松约束后企业支付利息增加，限制了总经理教育对企业出口倾向的促进作用。

第三，外资企业中员工教育（EDU_2）增加降低了企业出口倾向，总经理教育提升促进了企业参与出口的概率且总经理作用大于员工。外资企业中管理层因素对企业参与出口的促进作用小于民营企业，外企的高出口倾向是由于企业利用我国廉价要素加工装配为产成品后再销往海外。外企中基于交互项的检验发现，资本密集度增加有助于员工教育提升带来更高的企业出口倾向，但随利润增加，企业内源融资约束缓解，总经理教育对出口倾向的正向作用降低了。

第 6 章

劳动力教育结构对制造业
企业出口增长的影响

第 3 章命题 4 提出"开放经济中，一国企业人力资本（h）越高，该国企业出口竞争力 Φ_X 越高。"本章将以企业出口规模增长率（$\ln EXP$）衡量国家出口竞争力，通过实证证明该命题。与前两章一致，本章从员工素质和高管能力两方面衡量企业人力资本；员工教育或高管教育越高，企业员工素质或高管能力越强，企业人力资本水平越高，并基于世界银行 2005 年中国企业投资环境调查数据展开实证分析。

6.1 提出问题

1978 年改革开放以来，我国实施了以出口为导向的发展战略，通过出口带动经济增长，取得巨大成功。1978 年我国货物出口额为 97.5 亿美元，至 2007 年货物出口额增长至 12177.76 亿美元，是 1978 年的 125 倍；从 1978 年到 2007 年的 30 年间，出口额年平均增长 17.46%。与此同时，货物出口额占我国 GDP 比重（出口贸易依存度）逐年上升，1978 年为 6.52%，1990 年上升至 17.21%，2007 年则达到 34.28% 的高位，货物出口成为拉动我国经济增长的重要力量。

鉴于出口的重要作用，学者对我国出口增长问题进行了广泛研究，但已有文献多针对宏观的国家、省或行业一级分析。林毅夫等（1994）、姚洋和余淼杰（2009）从人口红利角度解释了我国出口增长，认为我国特有的低人口抚养比、低城市化率和充裕的农村剩余劳动力是导致我国选择出口导向战略并取得成功的内在原因。江小涓（2002）从外商投资企业的角度分析了外资企业对我国的出口贡献及出口产品结构升级的作用。杨汝岱（2008）从行业层面研究了影响我国工业制成品出口增长的因素，认为出口增长源于技术升级，技术越复杂的行业出口增长越迅速。文东伟和冼国明（2010）估计了我国制造业垂直专业化水平，提出我国制造业出口增长源自国外增加值的贡献。进入 2010 年以后，学者的研究重点转向出口增长的二元边际，钱学峰和熊平（2010）认为中国出口增长主要沿集约边际实现，扩展边际的作用较小。

目前我国从微观层面研究企业出口增长的文献只是少数，主要包括三篇：一是钟昌标（2007）研究了影响我国电子行业出口的相关因素，认为来自港澳台的投资对出口有正向作用，国有资本占比对出口有负向作用，人力资本和研发不影响电子行业出口。二是刘志彪和张杰（2009）对江苏省的 342 家制造业企业进行分析，发现产品供应链关系是影响企业出口增长重要因素，企业规模和产业集聚可促进出口增长，但技术创新和人力资本对企业出口作用不显著。三是施炳展和邵文波（2014）研究了我国企业出口产品质量的变动趋势及影响因素，认为本土企业产品质量落后于外资企业，且差距在拉大。

人力资本是否影响了制造业企业出口增长？这是本章希望明确的问题。刘志彪和张杰（2009）以三个指标衡量企业人力资本：中高级技工占总员工比重、技术人员中本科及以上学历占比、管理人员中本科及以上学历占比，发现人力资本不影响企业出口增长。不同于刘志彪和张杰（2009），本章以总员工中高中及以上人数占比（EDU_1）和大专及以上人数占比（EDU_2）以及总经理教育（GMedu）三个指标衡量企业人力资本，发现 EDU_2 不影响企业出口增长，这与刘志彪和张杰（2009）观点一致，但 EDU_1 增加可促进企业出口增长，这是已有文献未发现的因素。另外，本章样本包括 12000 多家制造业企业，远高于刘志彪和张杰（2009）的 342 家，因此本章样本包含了更普遍信息。

本章将劳动力教育分为员工教育和总经理教育两部分，研究以劳动力教育衡量的人力资本对制造业企业出口增长的作用。对于本书研究的 2005 年世界银行中国企业投资环境调查，第 4 章表 4.4 ~ 表 4.6 已总结了不同类型企业的人力资本状况，表 6.1 统计了企业出口增长（$\ln EXP$，即对数出口额或出口规模）信息。据表 6.1 可知，外资企业出口倾向远高于国有企业和民营企业出口倾向之和，外资企业的出口额也是三类企业中最高的；虽然民营企业出口倾向高于国有企业，但平均来看，民营企业出口额略低于国有企业。

表 6.1　　　不同所有制企业出口倾向与出口增长（$\ln EXP$）

	国有企业	民营企业	外资企业
企业数量（家）	2714	7896	1789
出口企业数（家）	768	2560	1344
出口倾向（%）	28.3	32.42	75.13
出口增长（$\ln EXP$）	10.193	9.915	11.305

本书第 5 章已研究了以劳动力教育衡量的人力资本对企业出口倾向的作用，本章将研究劳动力教育对企业出口增长的作用：6.2 节构建实证模型，6.3 节给出基准回归，6.4 节进行内生性检验和分组检验以获得稳健结论，6.5 节进行总结。

6.2　研究设计

6.2.1　构建模型

本章因变量为企业出口增长，以企业出口额取对数（$\ln EXP$）

衡量。由于本书使用的 2005 年世界银行中国企业投资环境调查数据为截面数据，lnEXP 也可解释为企业出口规模，本章将采用 OLS 估计检验 lnEXP 的影响因素。根据刘志彪和张杰（2009）的出口决策模型，构建计量模型如下：

$$\ln EXP_{csi} = \beta_0 + \beta_1 HUM_{csi} + X'_{csi}\beta_2 + province + industry + \varepsilon_{csi}$$

其中，$\ln EXP_{csi}$ 衡量城市 c、行业 s 企业 i 的对数出口额。HUM_{csi} 为企业 i 的人力资本水平，包括员工教育（EDU）和总经理教育（$GMedu$）两部分；X'_{csi} 表示一系列控制变量；$province$ 和 $industry$ 分别为省份哑变量和行业哑变量，说明省份及行业特征，根据 4.1 节统计，各区域（省份）和各行业间企业出口普遍存在差异，因此加入哑变量控制省份和行业的非观测效应；ε_{csi} 为误差项，考虑到各省份同行业间面临相同禀赋①，并受共同的政府行业政策管制，本章回归中使用了省份—行业聚类稳健标准差，允许误差项在各省份同行业内自相关。

为得到稳健的估计结果，本章加入企业规模等控制变量：

（1）企业规模。根据马歇尔规模经济的概念，企业扩大规模可降低生产成本，产品以更低价格抢占国际市场，赢得市场竞争；企业扩大规模进行专业化生产后，还可在单位时间内生产更多产品，获得更多销售额；企业规模扩大后更容易从银行获得贷款，缓解了外部融资约束，根据陈波和荆然（2013）等研究，放松外部融资约束有助于企业出口集约边际增加，这促进了出口增长。因此本书控制企业规模，预期企业规模与出口额正相关。

（2）企业组织管理。根据第 4 章分析和检验，企业组织管理水平可影响生产率，生产率变动带动出口额变化。考虑到林毅夫等（1994）、姚洋和余淼杰（2009）提出中国出口增长来自人口红利和农村剩余劳动力，本书将考察企业劳动力的组织对其出口增长的影响，主要是企业临时工占比和农民工占比这两项因素对出口增长的影响。

---

① 省内人口和资金流动方便，跨省流动阻力较大。

（3）资本密集度。根据比较优势理论，我国在劳动密集型行业具有比较优势，在资本密集型行业优势不显著，因此理论上可预期企业出口额与资本密集度负相关。有学者认为，我国正处于出口结构升级中，随技术结构升级，资本密集度增加也可促进企业出口增长。第5章对企业出口倾向的研究发现，资本密集度可促进国有企业出口倾向增加，但对民营企业和外资企业作用不显著，因此本书无法预测资本密集度对企业出口增长的作用，这需要通过检验加以明确。

（4）区域因素。我国由于不同区域间地理环境不同，造成各区域贸易开放和经济发展程度不同，尤其是东部沿海地区借助海上运输，降低了出口成本，促进了其出口增长。与之相对的一个特例是我国东北地区①，原是解放初的老工业基地，由于缺少适合的海港，其工业品出口远低于江浙地区。因此本书控制了代表东部地区的哑变量并预期我国东部地区出口额要高于中西部地区。

（5）外资比重。外资进入我国很大程度上是为利用我国廉价的劳动力进行简单加工装配，再将产成品出口至海外。江小涓（2002）指出外资比重提高是促进我国出口增长的重要原因，本书第5章也发现外资比重越高企业出口倾向越高，另外表6.1证实，外资企业出口规模远高于国有企业和民营企业。因此本书在控制变量中加入外资比重，并预期企业外资比重占比越高，出口额越高。

（6）研发创新。进行研发是企业获得出口竞争优势的重要渠道，戴觅和余淼杰（2011）认为出口前研发有助于出口企业提高其生产率。但并非所有学者认同这一观点，有学者认为研发未必成功，进行研发增加了企业风险，出口额未必随研发支出而增加；还有学者认为研发创新的结果具有滞后性，研发支出后的成果要在若干期后才能显现。为此本书在控制变量中加入研发创新这一因素，考察其对企业出口增长的作用。

（7）制度因素。制度因素可通过降低交易成本和完善比较优势

---

① 主要是黑龙江省和吉林省。

两方面影响企业出口，刘锦和王学军（2015）使用与本书相同的世界银行2005年投资环境调查数据，研究了腐败对企业出口的影响，认为腐败抑制了企业出口，这一作用在我国中西部地区更强烈。但第5章检验发现，制度因素对我国企业出口倾向作用不显著，本书尚不明确制度因素是否可影响我国企业出口增长，因此加入该变量以考察其作用。

（8）融资约束。学者认为融资约束是限制企业参与出口的重要因素（Manova，2008），针对我国的检验也证实民营企业面临外部融资约束，抑制了其出口倾向（孙灵燕和李荣林，2011），近年来学者研究了放松融资约束对企业出口规模的影响，发现改善融资状况对外资企业出口规模促进作用最显著（阳佳余，2012）。为此，本书控制了融资约束因素。

6.2.2 变量测度和统计特征

（1）企业出口规模（$\ln EXP$）。本书首先将世界银行2005年调查问卷中问题AB1101"企业主营业务收入"和AB1107"企业其他收入"相加，求得销售收入（$Sales$），然后将销售收入与问题A24"海外销售占比"相乘，获得企业出口额，最后将出口额取对数。对于零出口问题，本书直接删除了零出口企业样本[①]，删减后样本观测值为4672。

（2）员工教育。调查问卷中有两个关于员工教育的问题：一是企业高中及以上学历人数占比，本书将其定义为EDU_1，二是企业大专及以上学历人数占比，本书将其定义为EDU_2。为降低反向作用（出口企业使用高教育水平员工）带来的内生性，本书采用滞后值（2002年和2003年值取平均）衡量员工教育。

（3）总经理教育。调查问卷中问题I1涉及总经理教育（$GMedu$），

---

① 有学者习惯将0出口额加1后取对数，由于ln1＝0，因此对数出口额还是零。但这样是不准确的，若企业出口额为0.5，取对数后为负数，看上去比零出口值还要小，这容易引起混乱。

由于选项为降序排列不利于交互项检验，本书进行了升序调整（1为没有接受过正规教育，2为小学，3为初中，4为高中，5为大专，6为大学本科，7为硕士及以上）。

（4）企业规模。学者对企业规模的衡量有三个指标：一是销售收入（Axtell，2011；高凌云等，2014）；二是总资产（Buckley & Clegg，2007；孙晓华和王昀，2014）；三是企业人数（Liu & Buck，2007）。本书采用第三个指标，以员工总人数（total employment）衡量企业规模。为降低反向作用（出口企业主动增加员工人数以满足国外市场需求）带来的内生性，本书采用滞后值（2002年和2003年值取平均）衡量企业规模。

（5）企业组织管理。与第4章和第5章相同，本书以三个指标衡量企业管理：一是总经理工作年限（GMyear），问题I2调查了总经理在本职位的工作年限；二是员工工作时间（Wkhour），问题E122调查了员工每周平均工作小时数，选项为升序排列；三是企业年龄（AGE），问题A1调查了企业成立时间，企业年龄由"2004 – 成立时间 + 1"获得。

为明确劳动力结构对企业出口规模的影响，本书还考察了：①企业总员工中临时工占比（TEMP，问题AC15 ~ AC35）；②企业总员工中农民工占比（PEAratio），该指标由临时工占比（TEMP）和临时工中农民工占比（PEA，问题AC16 ~ AC36）相乘获得。为降低反向作用引起的内生性，本书采用滞后值（2002年和2003年值取平均）衡量了临时工占比（TEMP）和农民工比重（PEAratio）。

（6）资本密集度。本书使用对数资本劳动比（lnklr），即固定资产净值除以员工总人数后取对数，衡量资本密集度。为避免企业出口对资本密集度的反作用，本书采用滞后值（2002年和2003年值取平均）衡量这一指标。

（7）区域因素（EAST）。这是一个二值变量，对于北京市、天津市、河北省、辽宁省、上海市、江苏省、浙江省、福建省、山东省、广东省和海南省11个东部省（市）取1，对中西部省（市区）取0。

（8）外资比重（*Foreignratio*）。本书使用外资在企业总资本中的比重（问题 AA15）衡量该指标。

（9）研发创新（*RD*）。为避免企业出口对研发创新的反作用，本书采用滞后值（2002 年和 2003 年值取平均）衡量企业研发。该指标为二值变量，若 2002 年或 2003 年企业有研发支出（问题 AB73 和 AB72），*RD* 为 1，否则为 0。

（10）制度因素（*DISPUTE*）。本书以"过去 3 年政府和企业对法规是否有不同解释"（问题 J5）衡量政府制度对企业运营的干预，这是个 0 或 1 的二值变量，若有不同解释则取 1，本书预期政府干预将降低企业出口倾向。

（11）融资约束。本书使用罗长远和李姝醒（2014）的方法，以现金流与固定资产净值之比衡量企业内部融资约束（*IFINANCE*），其中现金流以企业总利润（total profits）[①] 衡量；以利息支付（interests expenditure）[②] 与固定资产净值之比衡量企业外部融资约束（*EFINANCE*）。企业现金流增加，*IFINANCE* 提高，说明企业的内部融资约束越低；由于向银行借贷的利率成本低，企业希望从银行获得借贷资金，因此银行利息支付越高，其外部融资约束越低。为避免生产率对融资约束的反向作用，本书采用滞后值（2002 年和 2003 年值取平均）衡量企业融资约束。

虽然关键变量已取滞后值，降低了互为因果的内生性问题，但仍可能由遗漏变量而带来内生性，为此，本书 6.4 节使用了工具变量进行稳健性检验。

员工教育的工具变量为生育率。根据第 3 章家庭最优支出模型，家庭中存在"以质换量的权衡（QQ 替代）"，家庭中生育率越高，后代子女教育投入越少。因此本书使用生育率作员工教育的工具变量，生育率不适合做总经理教育的工具变量，因为总经理能力卓越，容易跨省份流动，不适合使用企业所在地生育率为其工具变量，地区生育率与员工教育负相关性更强。本书以各省区市平均出

---

① total profits 来自问卷问题 AB1114、AB1214 和 AB1314。

② interests expenditure 来自问卷问题 AB1112、AB1212 和 AB1312。

生率衡量生育率：1954～1959 年为 $Avg50$，1960～1965 年为 $Avg60$，1971～1979 年为 $Avg70$，1980～1989 年（中间缺 1986 年）为 $Avg80$，1990～1999 年为 $Avg90$[①]。

总经理教育的工具变量为各城市每个行业中总经理教育的平均值（$GMedu\_IV$），余林徽等（2013）使用相同方法构建工具变量。由于单个企业的出口倾向很难影响到城市中该行业总经理教育均值，且该均值与企业总经理教育水平密切相关，因此工具变量适合。

考虑到工具变量估计时可能因遗漏宏观层面变量[②]而带来内生性，本书控制：

（1）人均 GDP 平均增长率（$Avglnpgdpro54\_99$）衡量各省区市 1954～1999 年平均经济增长率。曾毅等（2010）指出经济增长与生育率负相关[③]，生育率并非完全的外生变量；而经济增长又与出口贸易相关，过去的经济增长部分反映了该地区出口条件，进而影响了 2004 年该地区企业出口规模，因此需要控制该变量，并以 1954～1999 年各省区市人均 GDP 取对数后求平均衡量该变量，数据来自 wind 数据库。

（2）城市 GDP 密度（$GDPden$），经济越发达，越可能吸引高教育水平的总经理，且经济发达地区企业具有技术优势，因而出口额更高。为避免企业出口对城市 GDP 的反作用，本书采用滞后值（2002 年和 2003 年值取平均）衡量城市 GDP 密度[④]。

（3）城市人口密度（$POPden$），生育率越高，城市人口越多，人口禀赋增加有利于企业大规模生产及出口规模增加。这一作用渠道不同于"生育率通过影响员工教育，影响企业出口决策"，因此本书控制了该变量，与 GDP 密度相同，本书采用滞后值（2002 年

①　资料来自《中国人口统计年鉴》，部分缺失年份（1950～1953 年、1966～1970 年和 1986 年）年鉴并未统计。
②　企业微观层面变量已控制，但仍可能存在省份一级宏观层面的变量，同时影响企业出口决策和员工及总经理教育水平，如过去的经济增长率、城市现在的 GDP 水平等，因此需将其作为控制变量。
③　曾毅等（2010）编著了《低生育水平下的中国人口与经济发展》，蔡泳撰写了其中第二章《社会经济发展对生育率下降的作用》，以浙江和江苏为例，探讨了经济增长对生育率的负向作用。
④　$GDPden$ 数据来自 2003 年和 2004 年《中国城市统计年鉴》。

和 2003 年值取平均）衡量城市人口密度。

（4）人口迁入率（*Avgimmi80_99*）。改革开放后，我国逐渐放松户籍管制，允许人口跨省流动（主要从农村流向城市），这造成一省份员工教育可能与其他省份生育率相关。因此本书以省份为单位，控制了 1980 ~ 1999 年平均人口迁入率。

（5）性别工资比（*Fetomwageratio*1990）。根据第 3 章理论模型可知，女性相对工资越高，生育率越低而后代子女教育投入越多，性别工资影响了员工教育，性别工资又同时影响女性劳动供给和企业出口规模，因此需控制该变量。本书基于 1990 年中国城市住户调查数据计算了各省区市女性与男性工资之比。

表 6.2 统计了变量定义和数据来源，表 6.3 给出变量的统计性描述。

表 6.2　　　　　　　　　　变量定义和数据来源

变量名称	符号	定义和处理方式	数据来源
企业出口规模	ln*EXP*	对数出口额，不包括零贸易样本	2005 年投资环境调查
企业高中及以上人数占比	*EDU_*1	2002 年和 2003 年值取平均	2005 年投资环境调查
企业大专及以上人数占比	*EDU_*2	2002 年和 2003 年值取平均	2005 年投资环境调查
总经理教育	*GMedu*	2004 年值，升序排列	2005 年投资环境调查
企业规模	ln*size*	员工总人数，2002 年和 2003 年值取平均	2005 年投资环境调查
总经理工作年限	*GMyear*	2004 年值	2005 年投资环境调查
员工工作时间	*Wkhour*	每周平均工作小时数，升序排列	2005 年投资环境调查
企业年龄	*AGE*	2004 - 成立时间 + 1	2005 年投资环境调查

变量名称	符号	定义和处理方式	数据来源
企业总员工中临时工占比	*TEMP*	2002 年和 2003 年值取平均	2005 年投资环境调查
企业总员工中农民工占比	*PEAratio*	总员工中临时工占比 × 临时工中农民工占比，2002 年和 2003 年值取平均	2005 年投资环境调查
资本密集度	ln*klr*	对数资本劳动比，2002 年和 2003 年值取平均	2005 年投资环境调查
区域因素	*EAST*	二值变量，东部 11 省份取 1，否则为 0	国家人大会议决定
外资比重	*Foreignratio*	2004 年值	2005 年投资环境调查
研发创新	*RD*	0/1 哑变量，2002 年或 2003 年有研发支出取 1	2005 年投资环境调查
制度因素	*DISPUTE*	0/1 哑变量，过去 3 年政府和企业对法规有不同解释取 1	2005 年投资环境调查
内源融资约束	*IFINANCE*	现金流（总利润）与固定资产净值之比；2002 年和 2003 年值取平均	2005 年投资环境调查
外源融资约束	*EFINANCE*	利息支付与固定资产净值之比；2002 年和 2003 年值取平均	2005 年投资环境调查
生育率	*Avg50 ~ Avg90*	各省区市平均出生率	中国人口统计年鉴
总经理教育的工具变量	*GMedu_IV*	各城市每个行业中总经理教育的平均值	2005 年投资环境调查
人均 GDP 增长率	*Avglnpgdpro54_99*	1954 ~ 1999 年各省区市人均 GDP 先取对数再求平均	wind 数据库

变量名称	符号	定义和处理方式	数据来源
城市 GDP 密度	*GDPden*	2002 年和 2003 年值取平均	中国城市统计年鉴
城市人口密度	*POPden*	2002 年和 2003 年值取平均	中国城市统计年鉴
人口迁入率	*Avgimmi80_99*	各省区市 1980～1999 年平均人口迁入率	1990 年中国人口统计年鉴；1990 年以来中国常用人口数据集
性别工资比	*Fetomwageratio1990*	各省区市 1990 年女性平均工资与男性平均工资之比	1990 年中国城市住户调查

表 6.3　　　　　　变量的统计性描述

符号（单位）	样本量	均值	标准差	最小值	最大值
ln*EXP*	4672	10.36	2.20	0.97	18.07
EDU_1	12394	0.47	0.27	0	1
EDU_2	12394	0.17	0.17	0	1
GMedu	12380	5.58	1.00	1	7
ln*size*	12393	5.52	1.50	1.61	11.76
GMyear	12378	6.38	4.71	1	56.00
Wkhour	12392	3.34	1.53	1	6
AGE	12389	13.73	13.62	3	140
TEMP	12394	0.22	0.29	0	1
PEAratio	12394	0.12	0.23	0	1
ln*klr*	12372	3.79	1.42	-4.99	15.57
EAST	12394	0.50	0.50	0	1
Foreignratio	12394	0.15	0.32	0	1
RD	12394	0.56	0.50	0	1
DISPUTE	12394	0.07	0.26	0	1

符号（单位）	样本量	均值	标准差	最小值	最大值
IFINANCE	12346	0.95	25.51	−225.53	1947.37
EFINANCE	12346	0.11	2.68	−1.05	272
*Avg*50（‰）	12394	36.48	4.06	25.78	46.71
*Avg*60（‰）	12394	31.89	3.69	20.15	41.79
*Avg*70（‰）	12394	16.78	3.12	6.99	24.52
*Avg*80（‰）	12394	16.36	1.18	14.21	18.89
*Avg*90（‰）	12394	15.67	3.07	6.502	22.34
GMedu_IV	12394	5.58	0.49	3	7
*Avglnpgdpro*54_99	12394	6.27	0.39	5.59	7.87
GDPden（亿元/平方公里）	12394	0.11	0.18	0.005	1.32
POPden（万人/平方公里）	12394	0.05	0.04	0.01	0.23
*Avgimmi*80_99（‰）	12394	16.88	2.77	12.32	28.46
*Fetomwageratio*1990	12394	0.84	0.06	0.64	1.00

6.3 基准回归

表 6.4 汇报了 OLS 估计的基准回归结果。表中第（1）、（3）、（5）列以高中及以上人数占比（*EDU_*1）衡量员工教育，第（2）、（4）、（6）列以大专及以上人数占比衡量员工教育，两列都使用了 *GMedu* 衡量总经理教育。表 6.4 中控制了企业规模、资本密集度、区域因素、外资比重、研发创新、制度因素和融资约束（内源和外源融资约束）7 个企业特征因素，还控制了总经理工作年限、员工工作时间和企业年龄 3 个企业管理因素，以及企业所在省份和所处行业哑变量。为衡量劳动力结构对出口增长的作用，本书在表 6.4 前两列控制了企业临时工占比（*TEMP*），据 4.1 节统计，临时工中约 25% ~ 35% 为农民工，相对于有学历的中高端人才（*EDU_*1 或 *EDU_*2），农民工是典型低技术、低工资的"一线劳动力"，表 6.4

中间两列以农民工占比（PEAratio）替代了临时工占比衡量劳动力结构，最后两列又加入农民工占比平方项。

表6.4 基准回归结果

因变量：lnEXP	（1）	（2）	（3）	（4）	（5）	（6）
EDU_1	0.195 * (0.102)		0.180 * (0.102)		0.190 * (0.102)	
EDU_2		0.183 (0.170)		0.171 (0.169)		0.182 (0.168)
$GMedu$	−0.004 (0.028)	−0.002 (0.029)	−0.005 (0.028)	−0.004 (0.029)	−0.005 (0.028)	−0.004 (0.029)
$TEMP$	0.560 *** (0.093)	0.547 *** (0.094)				
$PEAratio$			0.535 *** (0.119)	0.519 *** (0.118)	1.428 *** (0.379)	1.399 *** (0.378)
$PEAratiosqu$					−1.248 *** (0.482)	−1.230 ** (0.481)
ln$size$	0.858 *** (0.024)	0.861 *** (0.024)	0.852 *** (0.025)	0.855 *** (0.024)	0.853 *** (0.024)	0.857 *** (0.024)
$GMyear$	0.002 *** (0.001)	0.002 *** (0.001)	0.002 ** (0.001)	0.002 ** (0.001)	0.002 *** (0.001)	0.002 *** (0.001)
$Wkhour$	0.067 *** (0.017)	0.066 *** (0.017)	0.068 *** (0.018)	0.067 *** (0.018)	0.067 *** (0.018)	0.066 *** (0.018)
AGE	−0.002 (0.002)	−0.002 (0.002)	−0.002 (0.002)	−0.002 (0.002)	−0.002 (0.002)	−0.002 (0.002)
lnklr	0.256 *** (0.023)	0.259 *** (0.023)	0.250 *** (0.022)	0.253 *** (0.022)	0.251 *** (0.023)	0.255 *** (0.022)
$EAST$	−0.014 (0.447)	−0.025 (0.445)	−0.012 (0.452)	−0.022 (0.451)	−0.030 (0.449)	−0.041 (0.448)

续表

因变量: lnEXP	(1)	(2)	(3)	(4)	(5)	(6)
Foreignratio	1.177 *** (0.083)	1.178 *** (0.084)	1.174 *** (0.083)	1.175 *** (0.084)	1.177 *** (0.083)	1.179 *** (0.084)
RD	−0.153 *** (0.057)	−0.155 *** (0.058)	−0.154 *** (0.058)	−0.156 *** (0.058)	−0.165 *** (0.058)	−0.166 *** (0.059)
DISPUTE	−0.105 (0.093)	−0.105 (0.093)	−0.115 (0.093)	−0.115 (0.093)	−0.118 (0.093)	−0.117 (0.092)
IFINANCE	0.001 (0.001)	0.001 (0.001)	0.001 (0.001)	0.001 (0.001)	0.001 (0.001)	0.001 (0.001)
EFINANCE	0.010 ** (0.004)	0.010 ** (0.004)	0.011 *** (0.004)	0.012 *** (0.004)	0.011 *** (0.004)	0.012 *** (0.004)
常数项	3.140 *** (0.760)	3.166 *** (0.761)	3.293 *** (0.798)	3.315 *** (0.798)	3.197 *** (0.806)	3.222 *** (0.806)
省份哑变量	是	是	是	是	是	是
行业哑变量	是	是	是	是	是	是
观测值	4651	4651	4651	4651	4651	4651
R^2	0.542	0.541	0.540	0.540	0.541	0.541

注: 括号内为省份—行业聚类稳健标准误, * 、 ** 、 *** 分别代表 10% 、 5% 和 1% 水平下显著。

由表 6.4 可知, 以总经理教育和大专及以上学历员工占比衡量的高端人力资本对企业出口增长作用不显著。以高中及以上学历员工占比衡量的中高端人才增加 1 个百分点, 出口增长 0.18% ~ 0.195%, 系数在 10% 水平显著。临时工增加 1 个百分点, 出口增长 0.547% ~0.56%, 以农民工占比替代临时工占比后, 作用系数略降至 0.519% ~0.535%, 依然在 1% 水平显著, 说明临时工对出口的作用主要由农民工实现。最后两列加入平方项后, 一次项系数显著为正 (1.399 和 1.428), 但二次项系数显著为负 (−1.23 和 −1.248), 说明随农民工增加, 其作用在降低①。

---

① 参见凹函数图形。

表 6.4 中相关控制变量系数也基本符合预期，且在 1% 水平显著（以第 5 列为准）：（1）企业规模 ln*size* 增长 1%，出口规模增长0.853%；（2）资本密集度 ln*klr* 增长 1%，出口规模增长 0.251%；（3）外资占比 *Foreignratio* 增加 1%，出口规模增长 1.177%；（4）外源融资约束 *EFINANCE* 放松 1 单位，可促进出口增长 1.1%。但企业过去两年进行过研发活动，不利于 2004 年出口规模增长，进行研发使出口增长下降 16.5%。另外，区域因素 *EAST*、制度因素 *DIS-PUTE* 和内源融资约束 *IFINANCE* 三项对企业出口增长作用不显著。

归纳表 6.4 估计结果可知，第一，以员工教育（*EDU_1*）衡量的企业人力资本增加促进了企业出口增长，说明异质性国家条件下，第 3 章命题 4 成立，即企业人力资本 h 越高，该国企业出口竞争力 Φ_X 越高；第二，*EDU_2* 或 *GMedu* 虽是企业人力资本构成部分，但不影响企业出口增长；第三，使用低技术的农民工可显著促进企业出口规模增长，随农民工占比增加，正向作用在减弱；第四，外源融资约束限制了企业出口增长，内源融资约束作用不显著。

表 6.4 估计结果是否意味着只有中低端人力资本影响企业出口增长？基准估计是否受内生性影响？农民工占比对企业出口的作用受哪些因素影响？本书将在 6.4 稳健性检验中分别探讨这些问题。

6.4　稳健性检验

基准回归初步确定企业高中及以上人数占比（*EDU_1*）增加可促进企业出口规模增长，为进一步证实这一作用，本节将首先进行内生性检验以判断因果关系，然后使用交互项检验影响因素，最后进行分组检验。

6.4.1　内生性检验

本书首先使用两阶段广义矩（GMM2S）估计，检验员工教育的内生性。根据 3.1 节 QQ 替代理论，本书使用了 5 组省区市每 10 年平均生育率（$Avg50$、$Avg60$、$Avg70$、$Avg80$ 和 $Avg90$）作为员工教育的工具变量。使用该工具变量是合适的：一是生育率提高后，家庭基于最优选择会减少每位后代子女的教育投入，因此生育率和员工教育负相关。二是企业员工能力有限，很少跨区域流动，多在本省份内从农村进入城市打工，因此员工教育和本省生育率负相关。另外，生育率取 1954～1999 年滞后值，保证其不受 2004 年企业出口规模影响。三是可能存在宏观因素同时影响家庭生育选择和企业出口规模，为此本文控制了：

（1）各省份人均 GDP 增长率（$Avglnpgdpro54\_99$），衡量各省区市 1954～1999 年平均经济增长。曾毅等（2010）指出经济增长与生育率负相关，生育率并非完全的外生变量，而经济增长又与出口贸易相关，过去增长部分反映了该地区出口禀赋和出口条件，进而影响 2004 年该地区企业出口规模，因此要控制这一因素。

（2）城市人口密度（$POPden$），生育率越高，城市人口越多，人口禀赋增加有利于企业大规模生产和扩大出口规模。这一作用渠道不同于"生育率通过影响员工教育影响企业出口"，因此本书控制了城市人口密度（以 2002 年和 2003 年滞后值衡量）。

（3）人口迁入率（$Avgimmi80\_99$）。改革开放后，我国逐渐放松户籍管制，允许人口跨省份流动，造成一省份员工教育可能与其他省市生育率相关，为此本书控制了 1980～1999 年各省份平均人口迁入率。

（4）性别工资比（$Fetomwageratio1990$），据第 3 章可知，女性相对工资越高，生育率越低而后代子女教育投入越多，因此性别工资影响员工教育，而性别工资同时影响女性劳动供给和企业出口，因此本书控制了这一因素。

表 6.5 汇报了工具变量的估计结果，其中前两列员工教育以 EDU_1 衡量，后两列员工教育以 EDU_2 衡量，第（1）列和第（3）列为 ivreg 第一阶段估计结果。表 6.5 底部内生性检验表明，不能拒绝"员工教育为外生变量的原假设"，这可能由于本书已使

用滞后值（2002年和2003年值取平均）衡量员工教育，因此可接受表6.4（第5列）未使用工具变量的估计结果。

表6.5 内生性检验：员工教育

因变量	(1) EDU_1	(2) lnEXP	(3) EDU_2	(4) lnEXP
EDU_1		−0.192 (1.618)		
EDU_2				0.219 (3.155)
Avg50	−0.020 *** (0.006)		−0.009 ** (0.004)	
Avg60	−0.004 (0.012)		−0.003 (0.009)	
Avg70	−0.063 ** (0.025)		−0.023 (0.019)	
Avg80	−0.048 *** (0.012)		−0.022 ** (0.009)	
Avg90	−0.005 (0.020)		−0.008 (0.015)	
GMedu	0.039 *** (0.004)	0.011 (0.071)	0.032 *** (0.003)	−0.003 (0.105)
PEAratio	−0.276 *** (0.047)	1.418 ** (0.601)	−0.125 *** (0.031)	1.497 *** (0.551)
PEAratiosqu	0.165 *** (0.062)	−1.281 ** (0.549)	0.074 ** (0.037)	−1.324 ** (0.525)
lnsize	0.001 (0.003)	0.852 *** (0.024)	−0.016 *** (0.002)	0.855 *** (0.056)
GMyear	−0.001 *** (0.00022)	0.002 (0.001)	−0.00008 (0.00005)	0.002 ** (0.001)

续表

因变量	(1) *EDU_1*	(2) ln*EXP*	(3) *EDU_2*	(4) ln*EXP*
Wkhour	− 0. 019 *** (0. 003)	0. 059 * (0. 035)	− 0. 012 *** (0. 002)	0. 065 (0. 042)
AGE	0. 00028 *** (0. 00007)	− 0. 002 (0. 002)	− 0. 00003 (0. 00003)	− 0. 002 (0. 002)
ln*klr*	0. 039 *** (0. 003)	0. 266 *** (0. 067)	0. 021 *** (0. 002)	0. 254 *** (0. 071)
EAST	− 0. 568 ** (0. 243)	0. 345 (0. 889)	− 0. 383 ** (0. 183)	0. 437 (1. 071)
Foreignratio	0. 002 (0. 012)	1. 187 *** (0. 084)	− 0. 001 (0. 008)	1. 188 *** (0. 082)
RD	0. 027 *** (0. 009)	− 0. 156 ** (0. 074)	0. 039 *** (0. 005)	− 0. 170 (0. 137)
DISPUTE	− 0. 002 (0. 013)	− 0. 109 (0. 091)	− 0. 004 (0. 008)	− 0. 108 (0. 092)
IFINANCE	− 0. 00005 (0. 00009)	0. 001 (0. 001)	0. 00002 (0. 00004)	0. 001 (0. 001)
EFINANCE	0. 002 *** (0. 001)	0. 012 ** (0. 005)	0. 001 (0. 001)	0. 012 ** (0. 005)
*Avglnpgdpro*54_99	0. 487 ** (0. 223)	0. 438 (0. 560)	0. 293 * (0. 174)	0. 384 (0. 684)
POPden	− 0. 050 (0. 176)	1. 126 (0. 872)	0. 266 ** (0. 107)	1. 070 (1. 201)
*Avgimmi*80_99	0. 043 *** (0. 014)	0. 068 * (0. 035)	0. 019 (0. 012)	0. 069 * (0. 036)
*Fetomwageratio*1990	0. 766 (0. 709)	0. 368 (2. 400)	0. 855 * (0. 492)	0. 174 (3. 013)
常数项	− 1. 466 (1. 819)	− 1. 867 (4. 824)	− 1. 497 (1. 324)	− 1. 424 (6. 162)

因变量	（1）EDU_1	（2）$\ln EXP$	（3）EDU_2	（4）$\ln EXP$
省份哑变量	是	是	是	是
行业哑变量	是	是	是	是
观测值	4651	4651	4651	4651
R^2	0.324	0.539	0.296	0.540
内生性检验	(0.8103)		(0.9865)	

注：括号内为省份—行业聚类稳健标准误，＊、＊＊、＊＊＊分别代表 10%、5% 和 1% 水平下显著。内生性检验汇报的是卡方统计量 p 值。

据表 6.5 第（1）、（3）两列第一阶段估计结果可知：第一，各期生育率与企业员工教育负相关，20 世纪 50 年代、70 年代和 80 年代负向作用显著，特别是 70 年代负向作用系数最大，这一结果与第 5 章一致。但 20 世纪 60 年代和 90 年代负向作用系数小且不显著，这部分由于 $Avg60$ 为 "文革" 前 1960~1965 年平均生育率，包括三年自然灾害的后两年（1960 年和 1961 年），自然灾害造成人口非正常死亡和生育率降低，从而造成估计系数不显著。20 世纪 80 年代后我国实行严格的独生子女政策，生育率对教育负向作用明显降低，$Avg70$ 系数为 −0.063，$Avg80$ 系数已降至 −0.048，90 年代后高中以上教育进一步普及，生育率对教育的负向作用不再显著。第二，表 6.5 的控制变量中，与预期一致，各省区市过去经济增长越快（$Avglnpgdpro54\_99$），企业员工教育水平越高，但人口密度（$POPden$）、各省份人口迁入情况（$Avgimmi80\_99$）及女性相对于男性工资（$Fetomwageratio1990$）对员工教育作用系数显著性不统一。

表 6.4 基准回归显示，总经理教育不影响企业出口规模增长，这一结论是否受到内生性影响？本书再次使用工具变量进行检验，估计结果见表 6.6。

表6.6　　　　　　　　　　内生性检验：总经理教育

因变量	（1）GMedu	（2）lnEXP	（3）GMedu	（4）lnEXP
EDU_1	0.403 *** (0.050)	0.203 * (0.115)		
EDU_2			0.825 *** (0.073)	0.232 (0.210)
GMedu_IV	0.642 *** (0.028)		0.628 *** (0.028)	
GMedu		−0.060 (0.114)		−0.057 (0.117)
PEAratio	−0.108 (0.189)	1.520 *** (0.375)	−0.111 (0.192)	1.495 *** (0.373)
PEAratiosqu	−0.025 (0.236)	−1.328 *** (0.475)	−0.021 (0.239)	−1.312 *** (0.474)
lnsize	0.098 *** (0.009)	0.854 *** (0.027)	0.111 *** (0.009)	0.857 *** (0.027)
GMyear	−0.001 (0.001)	0.002 *** (0.001)	−0.001 (0.002)	0.002 *** (0.001)
Wkhour	−0.056 *** (0.009)	0.068 *** (0.019)	−0.053 *** (0.009)	0.068 *** (0.019)
AGE	−0.00041 (0.00035)	−0.002 (0.002)	−0.00026 (0.00036)	−0.002 (0.002)
lnklr	0.047 *** (0.010)	0.254 *** (0.022)	0.045 *** (0.010)	0.257 *** (0.022)
EAST	−0.214 (0.200)	0.748 * (0.402)	−0.183 (0.206)	0.741 * (0.401)
Foreignratio	0.272 *** (0.043)	1.181 *** (0.085)	0.274 *** (0.041)	1.182 *** (0.086)
RD	0.137 *** (0.026)	−0.154 *** (0.057)	0.115 *** (0.027)	−0.158 *** (0.057)

因变量	（1）GMedu	（2）lnEXP	（3）GMedu	（4）lnEXP
DISPUTE	0.079 （0.050）	−0.108 （0.092）	0.082 * （0.050）	−0.107 （0.092）
IFINANCE	−0.00042 ** （0.00021）	0.001 （0.001）	−0.00046 ** （0.00020）	0.001 （0.001）
EFINANCE	−0.002 （0.002）	0.011 *** （0.004）	−0.002 （0.002）	0.012 *** （0.004）
Avglnpgdpro54_99	0.294 （0.447）	0.986 （0.828）	0.233 （0.451）	0.999 （0.826）
GDPden	−0.067 * （0.034）	0.972 *** （0.131）	−0.052 （0.038）	0.978 *** （0.129）
常数项	−0.675 （2.676）	−3.202 （5.053）	−0.279 （2.698）	−3.285 （5.041）
省份哑变量	是	是	是	是
行业哑变量	是	是	是	是
观测值	4651	4651	4651	4651
R^2	0.315	0.545	0.322	0.545
内生性检验	（0.6463）		（0.6638）	

注：括号内为省份—行业聚类稳健标准误，＊、＊＊、＊＊＊分别代表10%、5%和1%水平下显著。内生性检验汇报的是卡方统计量 p 值。

本书以每个城市各行业总经理教育均值作为企业 GMedu 的工具变量。使用该工具变量是合适的：一是企业总经理教育与城市中该行业总经理教育的平均水平密切相关；二是出口企业为提高出口额可能会使用高教育水平总经理，但企业的出口规模不影响城市中一个行业总经理平均教育水平，因此消除了反向因果关系；三是可能存在宏观经济因素，同时影响企业出口规模和城市中行业的总经理平均教育水平，为此本书控制了：（1）1954 ~ 1999 年各省区市平均人均 GDP 增长率（Avglnpgdpro54_99），衡量各省份过去的经济增长。经济增长与出口贸易相关，过去的经济增长部分反映了该地区出口禀赋和出口条件，这影响到 2004 年该地区企业的出口规模。(2) 城市 GDP 密度（*GDPden*）反映城市现在经济发展水平，经济越发达越可能吸引高教育水平的总经理，经济发达地区企业具有技术优势，因而出口规模增长更快。

  表 6.6 汇报了采用两阶段广义矩法得到的估计结果，其中前两列员工教育以 *EDU_1* 衡量，后两列员工教育以 *EDU_2* 衡量，第（1）列和第（3）列为 ivreg 第一阶段估计结果。表 6.6 底部内生性检验表明，虽然 *GMedu* 理论上可能为内生变量，但统计意义上这种"可能性"并不显著，不能拒绝 *GMedu* 为外生变量的原假设，因此可以接受表 6.4 非工具变量的估计结果。

  表 6.4 和表 6.6 估计结果一致：第一，企业大专以上员工占比（*EDU_2*）和总经理教育对企业出口增长作用不显著，高中以上员工占比（*EDU_1*）增加可促进企业出口规模增长。第二，使用低技术的农民工可显著促进企业出口规模增长，但随农民工占比增加，正向作用减弱。第三，控制变量中企业规模增大、资本密集度增加、外资比重提高、位于我国东部沿海地区或缓解外源融资约束可显著促进企业出口规模增长，进行研发对出口增长作用为负，制度因素和内源融资约束对企业出口增长作用不显著。第四，与预期一致，GDP 密度越高的城市企业出口增长越快，但过去（1954～1999年）经济增长率对企业出口的作用不显著。

6.4.2　影响因素分析和分组检验

  本书通过内生性检验明确了劳动力中 *EDU_1* 和 *PEAratio* 对企业出口增长作用显著。为确认各种因素对 *EDU_1* 和 *PEAratio* 发挥作用的影响，本节将使用交互项检验（见表 6.7）。本书并未发现何种因素可影响员工教育 *EDU_1* 对企业出口增长的作用，但本书发现：（1）企业成立时间越久，农民工占比对企业出口增长的作用越大。企业成立时间每增加 1 年，农民工对出口增长的促进作用增加 0.023%，作用系数在 1% 水平显著。这可理解为老牌企业在以前的经营中形成了生产或管理经验，更高效的使用了农民工。（2）企业资本密集度增加，不利于农民工发挥作用。企业资本劳动比增长 1%，农民工对出口增长的作用下降 0.221%，系数在 1% 水平显著。因为农民工是劳动力中低技术水平的代表，与高技术水平的资本密集型产品生产不匹配，无法促进其生产和出口增长，因此随企业资本密集度增加，农民工作用降低。

表 6.7　　　　　　　　　影响因素分析

因变量：lnEXP	(1)	(2)	(3)	(4)
EDU_1	0.182 * (0.101)	0.168 * (0.101)		
EDU_2			0.178 (0.169)	0.148 (0.169)
GMedu	−0.010 (0.028)	−0.010 (0.028)	−0.008 (0.029)	−0.008 (0.029)
PEAratio	0.985 *** (0.380)	1.885 *** (0.466)	0.956 ** (0.380)	1.865 *** (0.466)
PEAratiosqu	−1.035 ** (0.476)	−1.255 *** (0.473)	−1.018 ** (0.475)	−1.240 *** (0.473)
lnsize	0.884 *** (0.025)	0.883 *** (0.025)	0.887 *** (0.024)	0.885 *** (0.025)
GMyear	0.002 ** (0.001)	0.002 ** (0.001)	0.002 ** (0.001)	0.002 ** (0.001)
Wkhour	0.059 *** (0.017)	0.060 *** (0.017)	0.058 *** (0.017)	0.059 *** (0.017)
AGE	−0.014 *** (0.002)	−0.014 *** (0.002)	−0.014 *** (0.002)	−0.014 *** (0.002)
lnklr	0.252 *** (0.022)	0.277 *** (0.024)	0.255 *** (0.022)	0.280 *** (0.024)

续表

因变量：lnEXP	（1）	（2）	（3）	（4）
EAST	0.040 （0.451）	0.030 （0.445）	0.029 （0.450）	0.021 （0.444）
Foreignratio	1.114*** （0.081）	1.106*** （0.081）	1.115*** （0.082）	1.107*** （0.082）
RD	−0.161*** （0.057）	−0.162*** （0.057）	−0.163*** （0.058）	−0.163*** （0.057）
DISPUTE	−0.116 （0.093）	−0.109 （0.093）	−0.116 （0.093）	−0.108 （0.093）
IFINANCE	0.001 （0.001）	0.001 （0.001）	0.001 （0.001）	0.001 （0.001）
EFINANCE	0.012*** （0.004）	0.012*** （0.004）	0.012*** （0.004）	0.012*** （0.004）
PEAratio × AGE	0.023*** （0.003）	0.023*** （0.003）	0.023*** （0.003）	0.023*** （0.003）
PEAratio × lnklr		−0.221*** （0.070）		−0.223*** （0.070）
常数项	3.186*** （0.788）	3.102*** （0.786）	3.209*** （0.788）	3.125*** （0.787）
省份哑变量	是	是	是	是
行业哑变量	是	是	是	是
观测值	4651	4651	4651	4651
R^2	0.546	0.547	0.546	0.547

注：括号内为省份—行业聚类稳健标准误，*、**、***分别代表10%、5%和1%水平下显著。

表6.7前两列以 EDU_1 衡量员工教育，后两列以 EDU_2 衡量员工教育，估计结果显示，加入交互项后，EDU_1 对企业出口增长作用依然显著，EDU_2 和 GMedu 对企业出口规模增长无显著作用，从而证明表6.4基准回归结果稳健。

表 6.8 按所有制不同，将企业分为国有企业、民营企业和外资企业三类，在各子样本中进一步检验交互项的作用。表 6.8 发现：（1）国有企业中，员工教育 *EDU*_1 对企业出口增长作用不显著，总经理教育对出口增长作用同样不显著。农民工占比增加 1% 可显著提高出口增长 4.118%，但其平方项和两个交互项不再显著。（2）民营企业中，员工教育 *EDU*_1 对企业出口增长作用同样不显著，总经理教育也不影响企业出口增长。民营企业中农民工占比增加可促进企业出口增长，二次项系数显著为负，说明农民工的促进作用递减。另外表 6.7 中的交互项在民营企业中依然显著。（3）外资企业中，高中及以上人数占比（*EDU*_1）增加显著促进了企业出口增长，与表 6.7 不同的是，总经理教育提升可显著促进外资企业出口额增加。第 5 章研究发现，外资企业出口倾向明显高于国有企业和民营企业，这是由于跨国公司将中国纳入产品生产的产业链，利用中国廉价劳动力加工装配产品，再将产成品出口至海外，外资企业出口倾向较少受到企业管理因素影响，但总经理教育提升促进了外资企业出口额增长，这是和国有企业、民营企业不同的地方。另外，虽然农民工可带来外资企业出口增长，但其平方项和两个交互项不再显著。

表 6.8　　　　　　　　　　分组检验

因变量：ln*EXP*	（1）国有企业	（2）民营企业	（3）外资企业
*EDU*_1	−0.120 (0.285)	0.088 (0.144)	0.364 ** (0.171)
GMedu	−0.018 (0.090)	−0.038 (0.036)	0.109 ** (0.049)
PEAratio	4.118 ** (2.055)	1.859 *** (0.540)	1.640 ** (0.813)
PEAratiosqu	−2.929 (1.799)	−1.223 ** (0.545)	−0.743 (0.675)

续表

因变量：lnEXP	（1）国有企业	（2）民营企业	（3）外资企业
ln*size*	0.831 *** （0.050）	0.863 *** （0.031）	1.007 *** （0.037）
GMyear	0.026 ** （0.013）	0.002 *** （0.001）	0.014 * （0.008）
Wkhour	0.132 ** （0.051）	0.047 ** （0.023）	0.032 （0.029）
AGE	−0.009 *** （0.003）	−0.011 *** （0.003）	−0.020 ** （0.010）
ln*klr*	0.469 *** （0.068）	0.243 *** （0.032）	0.279 *** （0.041）
EAST	1.216 （1.184）	0.117 （0.671）	1.117 ** （0.554）
Foreignratio	2.752 *** （0.632）	1.531 *** （0.271）	0.934 *** （0.260）
RD	−0.136 （0.171）	−0.050 （0.075）	−0.214 ** （0.093）
DISPUTE	−0.165 （0.219）	−0.173 （0.126）	−0.047 （0.168）
IFINANCE	0.018 *** （0.004）	0.001 （0.001）	0.012 ** （0.005）
EFINANCE	0.160 （0.179）	0.028 （0.020）	−0.003 （0.009）
PEAratio × *AGE*	0.003 （0.034）	0.017 *** （0.005）	−0.041 （0.041）
PEAratio × ln*klr*	−0.292 （0.277）	−0.218 ** （0.090）	−0.106 （0.143）
常数项	2.798 ** （1.309）	3.094 *** （1.073）	0.400 （0.654）

因变量：lnEXP	（1）国有企业	（2）民营企业	（3）外资企业
省份哑变量	是	是	是
行业哑变量	是	是	是
观测值	762	2549	1340
R^2	0.545	0.492	0.617

注：括号内为省份—行业聚类稳健标准误，*、**、*** 分别代表 10%、5% 和 1% 水平下显著。

6.5　本章结论

本章以企业出口规模增长率（lnEXP）衡量国家出口竞争力，研究了企业出口增长的影响因素，发现不同层次的劳动力教育对企业出口增长作用不同。低技术的农民工占比增加可显著促进企业出口增长，高中以上员工占比增加也可带动出口增长，但大专以上员工占比增加或总经理教育层次提高对出口增长作用不显著。因此仍可认为一国企业人力资本（以 EDU_1 衡量）提高，该国企业出口竞争力 Φ_X 提高，即第 3 章命题 4 在异质性国家的开放经济条件下依然成立。

分组检验发现，员工教育对企业出口增长的促进作用仅在外资企业显著，总经理教育提高也可促进外资企业出口增长。民营企业中企业成立时间越久，农民工占比对企业出口增长的促进作用越大，企业资本密集度增长不利于农民工发挥这一促进作用，从而说明农民工的低技术水平不适合资本及技术密集型产品的生产和出口。

第 7 章

模型拓展与数值模拟

本书第 3 章构建的理论模型为静态模型,探讨了达到稳态时的家庭教育决策通过人力资本影响企业生产和出口。第 3 章在同质性国家假设下,得到命题 4 和命题 5 两个重要命题,但异质性国家条件下原模型无法得到解析解,两个命题真伪有待验证。本书第 4 章至第 6 章使用世界银行 2005 年中国企业投资环境调查数据,采用实证检验的方法证实了命题 4。

对于命题 5,本章将通过模型动态化拓展和数值模拟予以验证。另外,静态模型无法分析在趋于稳态过程中,一国生产率和出口竞争力变动轨迹,以及采用何种对策可促进生产率和出口竞争力向稳态收敛,这同样需要动态模型说明。

7.1 模型的动态化拓展

7.1.1 家庭最优支出选择与后代的人力资本

假设经济中存在成年人和孩子两代人。总人口分男性和女性且人口性别比例平衡,无论在成年人一代还是孩子一代,男女性别比都是 1:1，每位成年人有 h_t 单位人力资本。经济中的代表性家庭由一位男性、一位女性及两人共同养育的孩子构成。家庭总效用来自商品消费 c_t（以人力资本衡量）、养育孩子的数量 n_t 和为孩子提供教育三部分。与第 3 章不同的是，孩子教育由两部分构成，一是支付学费后获得的正式教育 e_t，二是由父母或同辈朋友带来的非正式教育 $\bar{e}$（Strulik et al.，2013；Prettner & Schaefer，2016）。家庭总效用函数为：

$$U = \log(2c_t h_t) + \alpha \log(n_t) + \gamma \log(e_t + \bar{e}) \tag{7.1}$$

其中 $\alpha \in (0, 1)$，$\gamma \in (0, \alpha)$ 分别代表对孩子数量和孩子教育的偏好。

假设无论男女，每位成年人有 1 单位劳动时间。家庭中抚养一个孩子所需最低时间成本为 ϕ，与第 3 章相同，假设养育孩子只挤占女性劳动时间，不影响男性劳动（郭凯明等，2016；汤梦君，2013；涂肇庆，2006）。家庭中无论男女都关心孩子教育，但与第 3 章不同的是，假设正式教育 e_t 支付学费后获得，并不直接减少成年人的劳动时间。另外，假设女性每单位人力资本的工资为 w^F，男性每单位人力资本的工资为 w^M，商品消费一般价格水平为 P，则家庭预算约束为：

$$w^M h_t + w^F h_t(1 - \phi n_t) = 2P c_t h_t + e_t n_t \tag{7.2}$$

在预算约束（2）下最大化家庭效用（1），可得到对孩子数量 n_t 和教育 e_t 的最优支出（推导过程见附录 B）：

$$n_t = \frac{(w^M h_t + w^F h_t)(\alpha - \gamma)}{(1 + \alpha)(w^F h_t \phi - \bar{e})} \tag{7.3}$$

$$e_t = \frac{\gamma w^F h_t \phi - \alpha \bar{e}}{\alpha - \gamma} \tag{7.4}$$

由式（7.3）和式（7.4）可知，$e_t n_t = \dfrac{h_t(w^M + w^F)(\gamma w^F h_t \phi - \alpha \bar{e})}{(1 + \alpha)(w^F h_t \phi - \bar{e})}$ 为常数，说明家庭中孩子数量和教育存在"以质换量"的权衡（quantity-quality tradeoff），随着养育孩子数量 n_t 减少，每位孩子获得的正式教育 e_t 增加。分析式（7.3）和式（7.4）的影响因素可

发现：

第一，家庭中越注重孩子数量（α 越大），养育孩子的数量越多（n_t 越大），每位孩子获得的正式教育越少（e_t 越小）；

第二，家庭中越注重孩子教育（γ 越大），养育孩子的数量越少（n_t 越小），每位孩子获得的正式教育越多（e_t 越大）；

第三，女性工资越高（w^F 越大），或抚养孩子的时间成本越高（ϕ 越大），养育孩子的数量越少（n_t 越小），每位孩子获得的正式教育越多（e_t 越大）；

第四，家长的人力资本越高（h_t 越大），或从家长或朋友处获得的非正式教育越少（$\bar{e}$ 越小），养育孩子的数量越少（n_t 越小），每位孩子获得的正式教育越多（e_t 越大）；

第五，男性工资 w^M 不影响孩子获得的正式教育 e_t，男性工资 w^M 提高仅带来养育孩子数量 n_t 的增加。

将动态模型得到的影响因素和静态模型相比较，可发现前三条因素完全相同；第四和第五条影响因素是随动态模型设定而新增的。另外，对于养育孩子的数量 n_t，若非正式教育 $\bar{e} = 0$，则 $n_t = $

$$\frac{(w^M + w^F)(\alpha - \gamma)}{(1+\alpha)w^F\phi} = \frac{\left(\frac{w^M}{w^F} + 1\right)(\alpha - \gamma)}{\phi(1+\alpha)}$$，这与静态模型结果（第 3 章式（3.3））完全一致。

将式（7.3）和式（7.4）代入式（7.2）可得 $c_t = \dfrac{w^M + w^F}{2P(1+\alpha)}$（推导过程见附录 B），这一结果与静态模型完全一致。消费 c_t 不仅受工资（w^F 和 w^M）及一般价格水平（P）影响，还受到 α 影响，家庭中越偏好孩子数量（α 越大）消费越少，但对孩子教育的偏好（γ）不影响消费。

假设子女一代的人力资本 h_{t+1} 来自正式教育 e_t 和非正式教育 $\bar{e}$，即 $h_{t+1} = \dfrac{e_t}{h_t} + \bar{e}$，则：

$$h_{t+1} = \frac{\gamma w^F h_t \phi - \alpha \bar{e}}{(\alpha - \gamma)h_t} + \bar{e} = \frac{\gamma w^F \phi - \dfrac{\alpha \bar{e}}{h_t} + \bar{e}(\alpha - \gamma)}{\alpha - \gamma} \tag{7.5}$$

比较式（7.5）与静态模型结果 $\left(h_{t+1} = \dfrac{2\gamma\phi}{(\alpha-\gamma)\left(\dfrac{w^M}{w^F}+1\right)}\right)$ 可

知，若 $\bar{e}=0$ 且 $w^M=w^F=1$，则 $h_{t+1} = \dfrac{2\gamma w^F\phi}{(\alpha-\gamma)(w^M+w^F)} =$

$\dfrac{2\gamma\phi}{(\alpha-\gamma)\left(\dfrac{w^M}{w^F}+1\right)}$，这与静态模型结果一致。

7.1.2　封闭经济均衡

考虑一个与第 3 章相同的封闭经济：一国有 j 个行业（sector），行业间商品 Q_j 为 Cobb-Douglas 效用函数：$U = \sum_j \beta_j \log Q_j$，其中 $\sum_j \beta_j = 1$。j 个行业中，行业 $j=0$ 中的企业生产同质性商品，并面临一个完全竞争的销售市场，因此可将其视为基准商品。由于各国可无成本地交易该同质商品，这保证了经人力资本调整的工资率 $w=1$ 在各国均成立。

假设企业在 $j\neq0$ 的行业中生产异质性商品并在垄断竞争的市场中交易该商品。行业 j 内，Ω_j 为产品集，每个企业生产一种连续产品 $\omega\in\Omega_j$。假设行业 j 内所有产品都彼此可替代并拥有 CES 的效用函数：$Q_j = \left[\int_{\omega\in\Omega_j} q_j(\omega)^{\frac{\sigma-1}{\sigma}}\mathrm{d}\omega\right]^{\frac{\sigma}{\sigma-1}}$，$\sigma>1$ 为产品间替代弹性。行业 j 的市场约束为 $\int_{\omega\in\Omega_j} p_j(\omega)q_j(\omega)\mathrm{d}\omega = \beta_j Y = X_j$，$Y$ 为经济中的总收入。求解企业产品销量，可得：$q_j(\omega) = C_j p_j(\omega)^{-\sigma}$。其中，$C_j = X_j P_j^{\sigma-1}$，$P_j = \left[\int_{\omega\in\Omega_j} p_j(\omega)^{1-\sigma}\mathrm{d}\omega\right]^{\frac{1}{1-\sigma}}$ 为行业 j 内一般价格指数。

假设企业生产只使用唯一要素人力资本，各项成本均以人力资本单位衡量。为方便推导，以下省略下标 j。企业生产 q 单位产品的总人力资本成本为 $l = f + \dfrac{q}{A}$，A 为异质性生产率，f 为企业固定成本（行业 j 内所有企业均有相同的固定成本 f）。在垄断竞争的市场中，企业产品定价为 $p(A) = \dfrac{\sigma}{\sigma-1} \times \dfrac{1}{A}$，销售收入 $r(A) = p(A)q(A) = Cp(A)^{1-\sigma}$，将产品定价 $p(A)$ 代入销售收入可得：$r(A) = C\left(\dfrac{\sigma-1}{\sigma}\right)^{\sigma-1} A^{\sigma-1}$，企业的销售利润 $\pi(A) = r(A) - wl = \dfrac{r(A)}{\sigma} - f = BA^{\sigma-1} - f$，其中，$B = \dfrac{(\sigma-1)^{\sigma-1}}{\sigma^{\sigma}}C$。

假设 $t+1$ 时期，企业进入 j 行业市场前，须先支付 f_E 单位固定投资（沉没成本），然后抽取异质性生产率 A_{t+1}；进入市场后，企业每期将面临一个概率为 δ 的负面冲击而退出市场。均衡时，企业价值 $v(A_{t+1})$ 为：

$$v(A_{t+1}) = \max\left(0, \sum_{t=0}^{\infty} (1-\delta)^{t+1} \pi(A_{t+1})\right) = \max\left(0, \dfrac{\pi(A_{t+1})}{\delta}\right)$$

由此可知，企业进入市场的生产率临界值 $A_{t+1}^{*} = \inf[A: v(A_{t+1}) > 0]$。$t+1$ 时期若企业抽取到的生产率低于 A_{t+1}^{*}，则企业不生产，直接退出市场。

假设企业抽取的生产率来自 Pareto 分布 $G(A_{t+1}) = 1 - \left(\dfrac{1}{A_{t+1}}\right)^{a}$，其中形状参数 $a = \dfrac{1}{h_{t+1}}$，为企业平均人力资本水平 h_{t+1} 的倒数。根据家庭最优选择可知 $h_{t+1} = \dfrac{\gamma w^{F}\phi - \dfrac{\alpha\bar{e}}{h_t} + \bar{e}(\alpha-\gamma)}{\alpha-\gamma}$，因此：

$$G(A_{t+1}) = 1 - \left(\dfrac{1}{A_{t+1}}\right)^{\frac{\alpha-\gamma}{\gamma w^{F}\phi - \frac{\alpha\bar{e}}{h_t} + \bar{e}(\alpha-\gamma)}} \tag{7.6}$$

$$g(A_{t+1}) = G'(A_{t+1}) = \dfrac{\alpha-\gamma}{\gamma w^{F}\phi - \dfrac{\alpha\bar{e}}{h_t} + \bar{e}(\alpha-\gamma)}(A_{t+1})^{-\left(1 + \frac{\alpha-\gamma}{\gamma w^{F}\phi - \frac{\alpha\bar{e}}{h_t} + \bar{e}(\alpha-\gamma)}\right)}$$

$$\tag{7.7}$$

$g(A_{t+1})$ 为 Pareto 分布的概率密度函数。在生产率临界值 A_{t+1}^{*}

处，$\pi(A_{t+1}^{*}) = 0$ 成立，由此可知企业零利润（ZCP）条件：

$$\pi(A_{t+1}^{*}) = B(A_{t+1}^{*})^{\sigma-1} - f = 0 \tag{7.8}$$

其中，$B = \dfrac{(\sigma-1)^{\sigma-1}}{\sigma^{\sigma}} C$，$C = XP^{\sigma-1}$，$X = \beta Y$。垄断竞争市场中，企业可以自由进出，这导致行业内企业预期价值为 0，即 $V_e = \displaystyle\int_{0}^{\infty} v(A_{t+1})\, dG(A_{t+1}) - f_E = 0$，由此可知市场自由进出（FE）条件：

$$\int_{0}^{\infty} \pi(A_{t+1})\, dG(A_{t+1}) = \delta f_E \tag{7.9}$$

联立 ZCP 条件和 FE 条件，可得①：

$$A_{t+1}^{*} = \left[\frac{(\sigma-1)(h_t \gamma w^F \phi - \alpha \bar{e} + h_t \bar{e}(\alpha-\gamma))}{h_t(\alpha-\gamma) - (\sigma-1)(h_t \gamma w^F \phi - \alpha \bar{e} + h_t \bar{e}(\alpha-\gamma))} \times \frac{f}{\delta f_E} \right]^{\frac{\gamma w^F \phi}{\alpha-\gamma} - \frac{\alpha \bar{e}}{h_t(\alpha-\gamma)} + \bar{e}} \tag{7.10}$$

定义市场中存活企业平均生产率为 $\widetilde{A}_{t+1}$，则 $\widetilde{A}_{t+1} = \left[\displaystyle\int_{A_{t+1}^{*}}^{\infty} A_{t+1}^{\sigma-1} \mu(A_{t+1})\, dA_{t+1} \right]^{\frac{1}{\sigma-1}}$，其中：

$$\mu(A_{t+1}) = \begin{cases} \dfrac{g(A_{t+1})}{1 - G(A_{t+1}^{*})} = \left[\dfrac{\alpha-\gamma}{\gamma w^F \phi - \frac{\alpha \bar{e}}{h_t} + \bar{e}(\alpha-\gamma)} \right] (A_{t+1})^{-\left(1 + \frac{\alpha-\gamma}{\gamma w^F \phi - \frac{\alpha \bar{e}}{h_t} + \bar{e}(\alpha-\gamma)}\right)} \\ (A_{t+1}^{*})^{\left(\frac{\alpha-\gamma}{\gamma w^F \phi - \frac{\alpha \bar{e}}{h_t} + \bar{e}(\alpha-\gamma)}\right)} & \text{若 } A_{t+1} > A_{t+1}^{*} \\ 0 & \text{其他} \end{cases}$$

将 $\mu(A_{t+1})$ 代入 $\widetilde{A}_{t+1}$，可知封闭经济中存活企业的平均生产率 $\widetilde{A}_{t+1}$ 为②：

$$\widetilde{A}_{t+1} = \left\{ \frac{\alpha-\gamma}{(1-\sigma)\left[\gamma w^F \phi - \frac{\alpha \bar{e}}{h_t} + \bar{e}(\alpha-\gamma) \right] + (\alpha-\gamma)} \right\}^{\frac{1}{\sigma-1}} \times A_{t+1}^{*} \tag{7.11}$$

---

①　式（7.10）推导可参考附录 A 中式（3.15）的证明，以 $h_{t+1} = \dfrac{\gamma w^F \phi - \frac{\alpha \bar{e}}{h_t} + \bar{e}(\alpha-\gamma)}{\alpha-\gamma}$ 替换其中 h 即可。

②　式（7.11）推导可参考附录 A 中的式（3.17）推导。

7.1.3 开放经济均衡

假设世界上有两个完全相同的国家。两国效用结构相同：j 个行业间商品 Q_j 为 Cobb-Douglas 效用函数 $U = \sum_j \beta_j \log Q_j$，其中 $\sum_j \beta_j = 1$；行业 $j \neq 0$ 内生产连续产品 $q_j(\omega)$ 且产品彼此可替代，其 CES 效用函数为 $Q_j = \left[\int_{\omega \in \Omega_j} q_j(\omega)^{\frac{\sigma-1}{\sigma}} d\omega \right]^{\frac{\sigma}{\sigma-1}}$，$\sigma > 1$ 为产品间替代弹性；行业 $j = 0$ 生产同质商品，该商品可在完全竞争的市场上无成本交易，以该同质商品为基准保证了两国经人力资本单位调整的工资率相同且 $w = 1$。为方便推导，以下再次省略下标 j。

假设 $t+1$ 时期，两国企业进入市场前都要先支付 f_E 的沉没成本，然后在 $G(A_{t+1})$ 的 Pareto 分布中抽取异质性生产率 A_{t+1}。和封闭经济相同，$G(A_{t+1}) = 1 - \left(\frac{1}{A_{t+1}} \right)^a$，形状参数 $a = \frac{1}{h_{t+1}}$。进入国际市场后，两国企业每期还会面临一个概率为 δ 的负面冲击而退出市场。为将本国企业产品出对方国家，需要支付以人力资本衡量的固定成本 f_X 和可变成本 τ，而本国自产自销时，固定成本为 f，可变成本 $\tau = 1$。此时，企业在国内生产的生产率临界值为 A_{t+1}^*，出口的生产率临界值为 $A_{X,t+1}^*$。在生产率临界值 A_{t+1}^* 处，$\pi(A_{t+1}^*) = 0$ 成立；在生产率临界值 $A_{X,t+1}^*$ 处，$\pi(A_{X,t+1}^*) = 0$ 成立。由此可知企业的两个零利润（ZCP）条件：

$$\pi(A_{t+1}^*) = B(A_{t+1}^*)^{\sigma-1} - f = 0 \tag{7.12}$$

$$\pi(A_{X,t+1}^*) = B\tau^{1-\sigma}(A_{X,t+1}^*)^{\sigma-1} - f_X = 0 \tag{7.13}$$

其中，$B = \frac{(\sigma-1)^{\sigma-1}}{\sigma^\sigma} C$，$C = XP^{\sigma-1}$，$X = \beta Y$。垄断竞争市场中，企业可以自由进出，这导致行业内企业预期价值为 0，即 $V_e = \int_0^\infty v(A_{t+1}) dG(A_{t+1}) - f_E = 0$，由此可知市场自由进出（FE）条件：

$$J(A_{t+1}^*)f + J(A_{X,t+1}^*)f_X = \delta f_E \tag{7.14}$$

式（7.12）和式（7.13）相除后，可得到 $\dfrac{1}{A^*_{X,t+1}} = \left(\dfrac{f}{f_X}\right)^{\frac{1}{\sigma-1}}$

$\left(\dfrac{1}{\tau}\right)\left(\dfrac{1}{A^*_{t+1}}\right)$，将其代入式（7.14）并根据附录 A 中 A2，可得到：

$$A^*_{t+1} = \left\{ \left[\frac{(\sigma-1)\left(\gamma w^F \phi - \dfrac{\alpha \bar{e}}{h_t} + \bar{e}(\alpha-\gamma)\right)}{\alpha-\gamma + (1-\sigma)\left(\gamma w^F \phi - \dfrac{\alpha \bar{e}}{h_t} + \bar{e}(\alpha-\gamma)\right)} \right] \right.$$

$$\left. \left[\frac{f + f_X \left[D\tau \right]^{\frac{\gamma-\alpha}{\gamma w^F \phi - \frac{\alpha \bar{e}}{h_t} + \bar{e}(\alpha-\gamma)}}}{\delta f_E} \right]^{\frac{\gamma w^F \phi}{\alpha-\gamma} - \frac{\alpha \bar{e}}{h_t(\alpha-\gamma)} + \bar{e}} \right\} \qquad (7.15)$$

其中，$D = \left(\dfrac{f_X}{f}\right)^{\frac{1}{\sigma-1}}$。将式（7.15）代入式（7.11），可得 $t+1$

时期，开放经济的市场中存活企业的平均生产率：

$$\tilde{A}_{t+1} = \left\{ \frac{\alpha-\gamma}{(1-\sigma)\left[\gamma w^F \phi - \dfrac{\alpha \bar{e}}{h_t} + \bar{e}(\alpha-\gamma)\right] + (\alpha-\gamma)} \right\}^{\frac{1}{\sigma-1}}$$

$$\left\{ \left[\frac{(\sigma-1)\left(\gamma w^F \phi - \dfrac{\alpha \bar{e}}{h_t} + \bar{e}(\alpha-\gamma)\right)}{\alpha-\gamma + (1-\sigma)\left(\gamma w^F \phi - \dfrac{\alpha \bar{e}}{h_t} + \bar{e}(\alpha-\gamma)\right)} \right] \right.$$

$$\left. \left[\frac{f + f_X \left[D\tau \right]^{\frac{\gamma-\alpha}{\gamma w^F \phi - \frac{\alpha \bar{e}}{h_t} + \bar{e}(\alpha-\gamma)}}}{\delta f_E} \right]^{\frac{\gamma w^F \phi}{\alpha-\gamma} - \frac{\alpha \bar{e}}{h_t(\alpha-\gamma)} + \bar{e}} \right\} \qquad (7.16)$$

定义 $t+1$ 时期一国出口竞争力为 $\Phi_{X,t+1} = \dfrac{1 - G(A^*_{X,t+1})}{1 - G(A^*_{t+1})} =$

$\left(\dfrac{A^*_{t+1}}{A^*_{X,t+1}}\right)^a$，将 $a = \dfrac{1}{h_{t+1}} = \dfrac{\alpha-\gamma}{\gamma w^F \phi - \dfrac{\alpha \bar{e}}{h_t} + \bar{e}(\alpha-\gamma)}$ 和 $\dfrac{1}{A^*_{X,t+1}} = \left(\dfrac{f}{f_X}\right)^{\frac{1}{\sigma-1}}$

$\left(\dfrac{1}{\tau}\right)\left(\dfrac{1}{A^*_{t+1}}\right)$ 代入 $\Phi_{X,t+1}$，可得：

$$\Phi_{X,t+1} = \left[\left(\frac{f}{f_X} \right)^{\frac{1}{\sigma-1}} \left(\frac{1}{\tau} \right) \right]^{\frac{\alpha-\gamma}{\gamma w F_{\phi} - \frac{\alpha \bar{e}}{h_t} + \bar{e}(\alpha-\gamma)}} \qquad (7.17)$$

7.2　数值模拟

上一节将第 3 章静态模型进行了动态化拓展，并在两个相同国家的条件下，求出了开放经济中市场存活企业平均生产率 $\tilde{A}_{t+1}$ 和国家出口竞争力 $\Phi_{X,t+1}$。由于结果复杂，无法进行比较静态分析，本节将使用数值模拟来检验第 3 章命题 5 和四种相关策略。

表 7.1 给出了基准模型相关参数赋值。赋值主要依据建模时设定参数的理论意义，部分借鉴了普雷特那和斯特鲁里克（Prettner and Strulik，2013）、吉隆尼和梅里兹（Ghironi and Melitz，2005）。参数赋值虽然具有主观性，但只有没悖离理论设定区间和原始要义界定的范围，那么轻微偏离也不会改变基本结论（杨继军，2010）。

表 7.1　　　　　　　　　　　基准模型参数的赋值

参数	经济含义	赋值	参数	经济含义	赋值
α	孩子数量的偏好	0.5	f	本国生产的固定成本	1
γ	孩子教育的偏好	0.4	f_X	出口的固定成本	2
ϕ	抚养孩子的时间	0.25	τ	冰山成本	1.2
σ	产品间替代弹性	1.5	δ	负面冲击的概率	0.1
f_E	进入市场沉没成本	1.5	$\bar{e}$	非正式教育	0.05
w^F	女性工资	1	h_0	初始人力资本	0.4

7.2.1　命题 5 的证明

第 3 章中命题 5 认为："开放经济中，一国越注重孩子数量（α 越大），该国市场中存活企业的平均生产率 $\tilde{A}$ 和出口竞争力 Φ_X 越低；一国越注重孩子教育（γ 越大），抚养孩子的时间成本越高（ϕ 越大），或女性工资（w^F）相对男性工资（w^M）越高，该国市场中存活企业的平均生产率 $\tilde{A}$ 和出口竞争力 $\varPhi_X$ 越高。"由于效用函数系数（α 和 γ）观察不到，无法通过实证验证命题 5，本节使用数值模拟，通过比较两个初始人力资本相同（$h_0 = 0.4$）国家的变动轨迹验证命题结论。

　　本书首先比较了基准模型（$\alpha = 0.5$）和增加孩子数量偏好至 $\alpha = 0.501$ 的情形（见图 7.1）。图中实线表示基准模型的变动轨迹，虚线表示 $\alpha = 0.501$ 时的变动轨迹。从左至右第一幅图描述了人力资本 h_{t+1}，第二幅图描述了平均生产率 $\tilde{A}_{t+1}$，第三幅图描述了出口竞争力 $\varPhi_{X,t+1}$，其中前两幅图都经过了标准化处理① （各期计算值除以其初始值）。图中横坐标为年份，初始年份设定在 1750 年，假设 25 年为一代，终止年份为 2050 年。

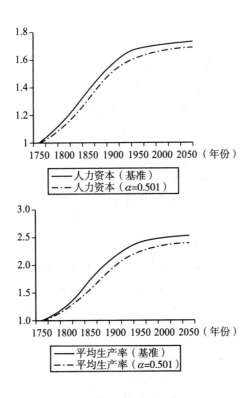

---

　　① 标准化处理方法来自普雷特那和斯特鲁里克（2013）。

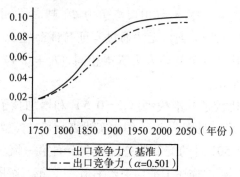

图 7.1 基准模型与增加孩子数量偏好至 $\alpha = 0.501$ 的比较

以蒸汽机为代表的第一次工业革命起始于 18 世纪中期，此后全球经济走向工业化发展的道路。若初始时期两个国家有相同人力资本（$h_0 = 0.4$），但虚线表示的参照国更偏好孩子数量，因此生育率高于实线表示的基准国家，由于家庭中存在孩子"以质换量"的权衡（QQ 替代），参照国的高生育带来低教育投入和低人力资本，致使此后 300 年间其代表性劳动力的人力资本始终低于基准国家，且没有收敛的趋势。与命题 5 预测一致，由于低水平人力资本，参照国市场中存活企业的平均生产率 $\tilde{A}_{t+1}$ 和出口竞争力 $\Phi_{X,t+1}$ 都低于基准国家。

图 7.2 中，本书比较了基准模型（$\gamma = 0.4$）和增加孩子教育偏好至 $\gamma = 0.401$ 的情形。与图 7.1 相同，图 7.2 中从左至右分别描述了人力资本 h_{t+1}，平均生产率 $\tilde{A}_{t+1}$ 和出口竞争力 $\Phi_{X,t+1}$，前两幅图进行了标准化处理，图中实线代表基准模型的变动轨迹，虚线代表参照国 $\gamma = 0.401$ 时的变动轨迹。从 1750 年开始，若两个国家除对孩子教育的偏好不同（基准国家 $\gamma = 0.4$，参照国家 $\gamma = 0.401$，略高于基准国）外，其余条件完全相同，特别是两国初始人力资本都是 $h_0 = 0.4$。从图 7.2 可以看出，由于参照国注重后代子女的教育，因此其劳动力的人力资本从 1750～2050 年 300 年间，始终高于基准国家，且差距有进一步拉大的趋势。高人力资本促进了参照国企业生产率提高，并使该国市场存活企业平均生产率显著高于实线代表的基准国家，两国间生产率差距同样有进一步拉大的趋势。生产率提高有助于参照国企业凭借低成本优势参与国际市场竞争，

图7.2 最右侧图显示，参照国的出口竞争力始终高于基准国家。图7.2 模拟结果说明，命题 5 关于"注重孩子教育可提高一国市场中存活企业的平均生产率 $\tilde{A}_{t+1}$ 和出口竞争力 $\Phi_{X,t+1}$"的结论正确。

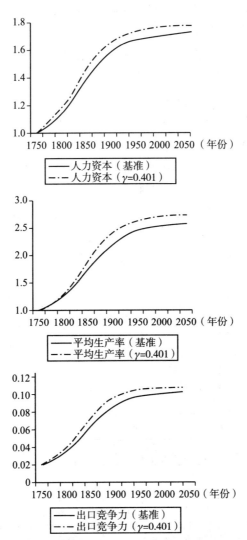

图7.2　基准模型与增加孩子教育偏好至 $\gamma = 0.401$ 的比较

图7.3 中，本书比较了基准模型（$\phi = 0.25$）和增加孩子抚养时间至 $\phi = 0.251$ 的情形。与图 7.1 相同，图 7.3 中从左至右分别

描述了人力资本 h_{t+1}，平均生产率 $\tilde{A}_{t+1}$ 和出口竞争力 $\Phi_{X,t+1}$，前两幅图进行了标准化处理，图中实线代表基准模型的变动轨迹，虚线代表参照国 $\phi=0.251$ 时的变动轨迹。假设从 1750 年开始，实线代表的基准国与虚线代表的参照国除养育孩子的最低时间不同①（基准国家 $\phi=0.25$，参照国家 $\phi=0.251$，略高于基准国）外，其余条件完全相同，特别是两国初始人力资本都是 $h_0=0.4$。从图 7.3 可以看出，由于参照国养育孩子的最低时间略高于基准国，参照国生育孩子数量减少而每个孩子的教育投入增加，因此其劳动力人力资本从 1750~2050 年的 300 年间，始终略高于基准国。高人力资本促进了参照国企业生产率提高，并使该国市场存活企业平均生产率高于实线代表的基准国。生产率提高有助于参照国企业凭借低成本优势参与国际市场竞争，图 7.3 最右侧图显示，参照国的出口竞争力也始终略高于基准国家②。图 7.3 的模拟结果说明，命题 5 关于"抚养孩子的时间成本增加可提高一国市场中存活企业的平均生产率 $\tilde{A}_{t+1}$ 和出口竞争力 $\Phi_{X,t+1}$"的结论正确。

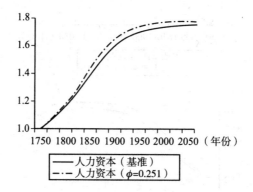

——人力资本（基准）

-·-·人力资本（$\phi=0.251$）

---

① 养育孩子时间的差别，第一可能来自国家传统习俗，如中国女性生孩子后第一个月要做月子，欧美国家没有这个习俗，女性生完孩子可以直接去工作；第二可能来自国家法律法规，如美国格鲁吉亚州规定 9 岁以下儿童不能独自留在家中，必须有人（主要是家长）照看。

② 比较图 7.3 和图 7.2，虽然直观看，将 ϕ 从 0.25 提高到 0.251 的作用不如将 γ 从 0.4 提高到 0.401，对平均生产率 $\tilde{A}_{t+1}$ 和出口竞争力 $\Phi_{X,t+1}$ 的促进作用（相对于基准模型）更大，但实际上这是不准确的，因为系数赋值和变动都具有主观性，因此无法判断哪个变量作用更大。图 7.1 到图 7.4 只是采用定量方法进行的定性判断。

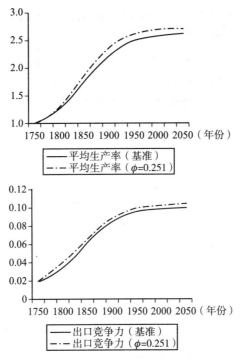

图 7.3 基准模型与增加孩子抚养时间至 $\phi = 0.251$ 的比较

图 7.4 中，本书比较了基准模型（$w^F = 1$）和提高女性工资至 $w^F = 1.01$ 的情形。与图 7.1 相同，图 7.4 中从左至右分别描述了人力资本 h_{t+1}，平均生产率 $\tilde{A}_{t+1}$ 和出口竞争力 $\Phi_{X,t+1}$，前两幅图进行了标准化处理，图中实线代表基准模型的变动轨迹，虚线代表参照国 $w^F = 1.01$ 时的变动轨迹。

假设从 1750 年开始，实线代表的基准国与虚线代表的参照国除女性工资不同（基准国家 $w^F = 1$，参照国家 $w^F = 1.01$，高于基准国）外，其他条件完全相同，特别是两国初始人力资本都是 $h_0 = 0.4$。从图 7.4 可以看出，由于参照国女性工资高于基准国，参照国女性生育孩子的机会成本更高，给每位出生子女提供教育的能力更强，因此生育孩子数量减少而每位子女的教育投入增加，这使其劳动力的人力资本从 1750 ~ 2050 年 300 年间，始终高于基准国，且两国间人力资本差距并未随时间推移而缩小。高人力资本促进参照国企业生产率提高，并使该国市场存活企业平均生产率始终高于基准国，随时间推移两者差距有进一步拉大趋势。生产率提高有助于参照国企业凭借低成本优势参与国际市场竞争，图 7.4 最右侧图显示，参照国的出口竞争力也始终高于基准国家。图 7.4 的模拟结果说明，命题 5 关于"女性工资（相对于男性工资）增加可提高一国市场中存活企业的平均生产率 $\tilde{A}_{t+1}$ 和出口竞争力 $\Phi_{X,t+1}$"的结论正确①。

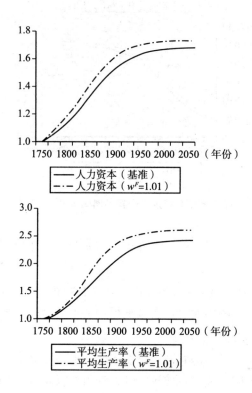

———————

① 准确地说，命题 5 认为女性工资（w^F）相对男性工资（w^M）越高，一国市场中存活企业的平均生产率 $\tilde{A}_{t+1}$ 和出口竞争力 $\Phi_{X,t+1}$ 越高。由于动态模型的构建与静态模型略有不同，动态模型中男性工资提高不影响后代子女教育投入，因此图 7.5 只探讨了增加女性工资的情况。动态模型中男性工资增加可提高后代子女数量，图 7.5 的模拟中，本书假定子女数量只受女性工资影响，因此间接确定了男性工资未改变。

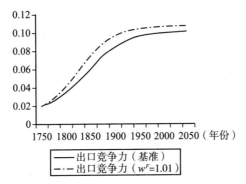

图 7. 4　基准模型与增加女性工资至 $w^F = 1.01$ 的比较

图 7.1 ~ 图 7.4 的结论使本书明确，第 3 章命题 5 结论正确，即开放经济中，若要提高一国市场中存活企业的平均生产率 $\tilde{A}_{t+1}$ 和国家的出口竞争力 $\Phi_{X,t+1}$，可通过降低微观家庭中对孩子数量的偏好，提高对孩子教育的偏好，延长抚养孩子的必要时间或提高女性相对工资四种策略实现。

7.2.2　落后国家促进本国出口的四种策略

在初始人力资本相同（$h_0 = 0.4$）的条件下，前文验证了命题 5 结论。这使本文进一步思考，若两国初始人力资本不同，落后国家能否通过命题 5 中四种策略，促进本国出国发展并赶超先进国家？为此，本书考虑了三种初始人力资本状态：（1）发达国家 $h_0 = 0.42$；（2）中等水平国家 $h_0 = 0.4$（即前文基准水平）；（3）落后国家 $h_0 = 0.37$。落后国家希望通过政策引导，促进本国企业生产率和出口竞争力提升，达到中等国家水平并赶超先进国家。

第一，落后国家可考虑降低民众对孩子数量的偏好，以减少家庭中养育孩子的数量[①]。如印度政府 20 世纪 50 年代以温和方式倡

---

① 或如中国实施的"计划生育"政策，以法律规范强制家庭只养育一个孩子。

导实施计划生育政策（非法律强制①），80年代在其农村地区增加大量计划生育项目，鼓励使用计生用品；考虑到亚洲国家民众多有养儿防老的思想，政府可通过宣扬国家养老，完善养老体系并配套建设高质量养老院以消除民众养老的顾忌，降低民众对子女数量的偏好。

假设发达国家和发展中国家保持表7.1基准水平（$\alpha = 0.5$）不变，落后国家成功将"家庭对孩子数量的偏好"降为$\alpha = 0.499$，其他模型参数同表7.1赋值。图7.5模拟了1750～2100年三类国家市场中企业平均生产率$\tilde{A}_{t+1}$和出口竞争力$\Phi_{X,t+1}$的变动轨迹，其中实线（——）代表发达国家，折点线（–·–）代表中等水平国家，折线（----）代表落后国家，点线（……）代表落后国家降低α后变动情况。

图7.5左边为平均生产率，与前文一致，图中生产率均经过标准化处理（生产率绝对值除以发达国家初始人力资本），图7.5右边为出口竞争力。可以看出，三类国家尽管初始水平不同，但或早或晚，都经历了一段迅速增长时期，这是由于随人力资本积累达到一定水平，家庭中开始有选择地减少养育孩子的数量，增加后代子女的教育，这种选择促进了人力资本迅速发展，并带动企业生产率和出口竞争力上升，盖勒（Galor，2012）等将这一变动称为"统一增长理论"。经济学家大多关注以人均GDP衡量的统一增长，本书证明，统一增长还表现为一国平均生产率（Gollin，2008）和出口竞争力。

图7.5左图中，发达国家由于初始人力资本水平高，初始生产率也最高，从1775～1975年，发达国家完成了生产率的快速提升，并于此后稳定地保持在高水平；中等水平国家初始人力资本和企业生产率略低于发达国家，自1775年开始增长，于2000年达到发达国家水平，并在此后保持稳定；落后国家1775～1850年生产率在低水平保持缓慢增长，1875～2100年为其迅速增长阶段，并在2100年

---

① 1976年印度总理英迪拉·甘地为控制印度人口增长，在一个月内逼迫400万人接受节育，引起民众不满并于次年选举中下台。

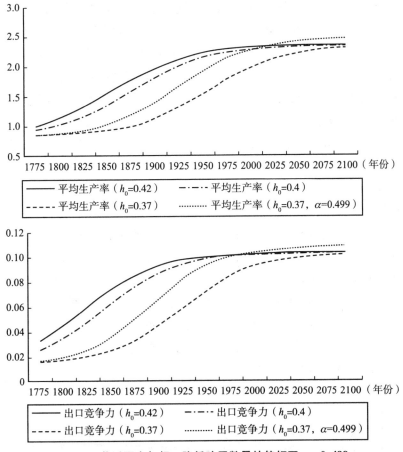

图 7.5　落后国家赶超：降低孩子数量的偏好至 $\alpha = 0.499$

达到发达国家水平。可以看出，无论发达国家还是落后国家，都要经过约 200 年完成生产率增长，但落后国家的增长期（1875 ~ 2100年）要晚于发达国家（1775 ~ 1975 年）近 100 年，增长结束后，发达国家、中等水平国家和落后国家生产率趋同。若落后国家采用降低孩子数量偏好的策略追赶发达国家，则其增长期提前到 1850年，并于 2000 年达到发达国家水平，此后生产率在高于发达国家的水平保持稳定。数值模拟表明，落后国家这一策略是成功的，不仅缩短了追上发达国家水平的时间（1850 ~ 2000 年，为 150 年）约 50 年，还成功将企业生产率 $\tilde{A}_{t+1}$ 保持在更高水平上。

图 7.5 右图同样刻画了国家间"统一增长"：首先，各国出口竞争力都经历了近 200 年迅速增长期；其次，中等水平国家率先赶上发达国家出口水平，落后国家若不采取赶超策略，将比其晚约 100 年达到发达国家水平；最后，采取降低孩子数量偏好的策略，可促使落后国家出口竞争力迅速上升，与中等水平国家同时赶上发达国家（右图显示在 1975 年），并将其出口竞争力保持在一个更高的稳态水平。

第二，落后国家可考虑提高民众对孩子教育偏好的策略，以提高家庭中养育子女的教育水平和后代的人力资本。如增加教育和人力资本带来的回报，可直接激励父母对孩子教育的投资。中国的儒家思想本就重视教育①，政府可通过弘扬儒家思想提高民众的教育偏好。

假设发达国家和发展中国家保持表 7.1 基准水平（$\gamma = 0.4$）不变，落后国家成功将"家庭对孩子教育的偏好"提高到 $\gamma = 0.401$，其他模型参数同表 7.1 赋值，保持不变。图 7.6 模拟了 1750 ~ 2100 年三类国家市场中企业平均生产率 $\tilde{A}_{t+1}$ 和出口竞争力 $\varPhi_{X,t+1}$ 的变动轨迹，其中实线（——）代表发达国家，折点线（–··–）代表中等水平国家，折线（----）代表落后国家，点线（……）代表落后国家提高 γ 后的情况。

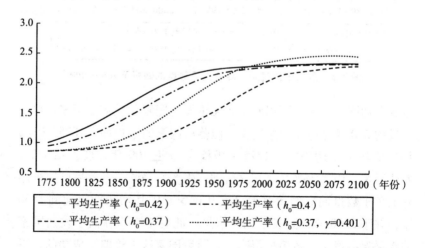

---

① "养不教，父之过。"

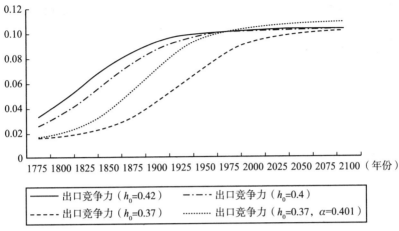

图 7.6　落后国家赶超：提高孩子教育的偏好至 γ = 0. 401

图 7.6 左边为经过标准化处理的平均生产率，右边为出口竞争力。两图同样描述了国家间统一增长趋势，其中落后国家要晚于发达国家约 100 年。落后国家采取提高孩子教育偏好的策略（点线），可促使本国人力资本积累，使人力资本迅速达到"统一增长"临界点，并使企业生产率和出口竞争力加速增长，于 1975 ~ 2000 年赶超发达国家，此后保持在一个更高的稳态水平。数值模拟表明，落后国家这一策略是成功的，可与降低孩子数量偏好的策略同期赶超发达国家。

第三，落后国家还可考虑通过增加孩子抚养时间的策略，减少家庭中养育子女的数量，增加孩子的教育投入以提高后代人力资本水平。如政府可颁布法令，禁止家中有 3 岁以下孩子的母亲外出工作，或如美国规定的 9 岁以下儿童不能独自留在家中，必须有人（主要是家长）照看。

假设发达国家和发展中国家保持表 7.1 基准水平（$\phi = 0.25$）不变，落后国家成功将"养育孩子的时间"提高到 $\phi = 0.251$，其他模型参数同表 7.1 赋值，保持不变。图 7.7 模拟了 1750 ~ 2100 年三类国家市场中企业平均生产率 $\tilde{A}_{t+1}$ 和出口竞争力 $\Phi_{X,t+1}$ 的变动轨迹，其中实线（——）代表发达国家，折点线（-·-）代表中等水

平国家，折线（- - - -）代表落后国家，点线（·······）代表落后国家
提高 ϕ 后的情况。

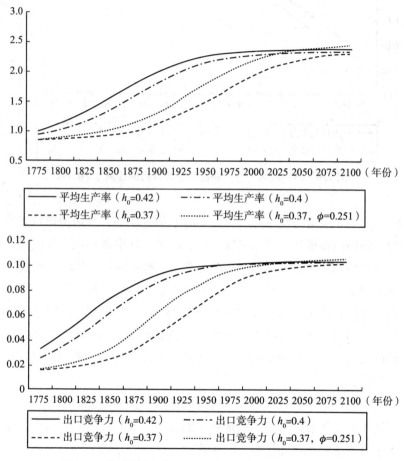

图 7.7　落后国家赶超：增加孩子抚养时间至 $\phi = 0.251$

图 7.7 左边为经过标准化处理的平均生产率，右边为出口竞争
力。两图再次描述了国家间"统一增长"趋势，其中落后国家要晚
于发达国家约 100 年。落后国家采取增加孩子抚养时间的策略（图
中点线），虽提高了企业生产率和国家的出口竞争力，但相比于前
两个策略，增加孩子抚养时间仅是温和地促进了企业生产率和出口

竞争力增长，落后国家于 2000～2025 年达到发达国家水平，与发达国家处于相同稳态区间，并未明显超过发达国家水平。数值模拟表明，落后国家这一策略是成功的，但需要注意的是，由于参数赋值和改变具有主观性，模拟结果只能作为定性判断的依据，不能进行定量的策略优劣比较。

第四，落后国家可考虑通过提高女性相对工资的策略，减少家庭中养育子女的数量，增加孩子的教育投入以提高后代人力资本。如政府可颁布法令，在保持男性工资不变的前提下提高女性最低工资水平，或同时提高男性与女性工资，但女性工资增长幅度更大。

假设发达国家和发展中国家保持表 7.1 基准水平（$w^F = 1$）不变，落后国家成功在保持男性工资不变（$w^M = 1$）的情况下，提高女性最低工资到 $w^F = 1.01$，其他模型参数同表 7.1 赋值，保持不变。图 7.8 模拟了 1750～2100 年三类国家市场中企业平均生产率 $\tilde{A}_{t+1}$ 和出口竞争力 $\Phi_{X,t+1}$ 的变动轨迹，其中实线（——）代表发达国家，折点线（–·–）代表中等水平国家，折线（– – –）代表落后国家，点线（……）代表落后国家提高 w^F 后的情况。

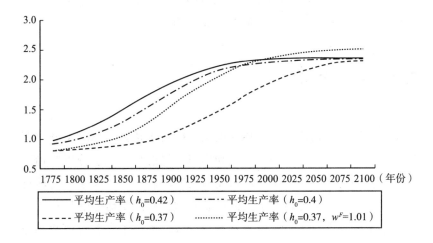

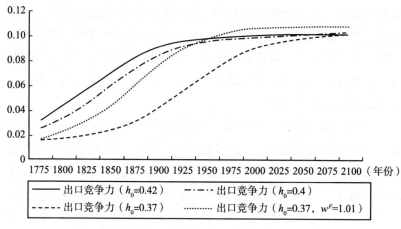

图 7.8　落后国家赶超：提高女性工资至 $w^F = 1.01$

　　图 7.8 左边为经过标准化处理的平均生产率，右边为出口竞争力。两图再次描述了国家间"统一增长"趋势，其中落后国家要晚于发达国家约 100 年。落后国家采取提高女性相对工资 1% 的策略（图中点线），迅速促进了该国人力资本积累，促使企业生产率和国家出口竞争力迅速开启"统一增长"模式。图中显示，落后国家于 1950～1975 年赶超发达国家，此后保持在一个更高的稳态水平。数值模拟表明，落后国家这一策略是成功的。

7.3　本章结论

　　本书第 3 章构建了静态均衡模型，探讨了达到稳态时家庭教育决策通过人力资本影响企业生产和出口。静态模型无法分析在趋于稳态过程中，一国生产率和出口竞争力变动轨迹，以及采用何种对策可促进生产率和出口竞争力向稳态收敛，这需要动态模型说明。

　　本章的动态化来自家庭子女教育构成。假定子女教育由两部分构成，一是支付学费后获得的正式教育 e_t，二是由父母或同辈朋友带来的非正式教育 $\bar{e}$。当非正式教育 $\bar{e} = 0$ 时，本章微观家庭最优教育选择与第3章结论相同，从而说明两个模型是一致的。家庭教育选择决定了企业员工素质和企业人力资本，从而影响了企业抽取的异质性生产率和企业出口竞争力。

本章利用拓展的动态模型，首先在初始人力资本不变（$h_0 = 0.4$）的情况下，模拟并比较了提高孩子数量偏好（$\alpha = 0.501$）、提高孩子教育偏好（$\gamma = 0.401$）、增加孩子抚养时间（$\phi = 0.251$）和增加女性工资（$w^F = 1.01$）四种情况对基准模型的背离，从而证实第3章命题5正确。

18世纪以来，各国都先后经历了一段生育率下降、经济快速增长时期，盖勒（Galor，2012）将其称为"统一增长"。不同于以往研究人均GDP，本书从一国平均生产率和国家出口竞争力的角度，探讨了国家间统一增长，发现人力资本水平高的国家先于人力资本水平低的国家开启"统一增长"。初始人力资本水平低的国家可落后发达国家近100年，为此，落后国家可采用降低家庭中对孩子数量的偏好，提高对孩子教育的偏好，延长抚养孩子的必要时间或提高女性相对工资四种策略赶超发达国家，数值模拟显示，四种策略都是成功的。

需要注意的是，由于参数赋值和改变均具有主观性，本书数值模拟仅是一种采用定量方法进行的定性分析。本书研究证明，四种策略均可使落后国家在企业平均生产率和国家出口竞争力方面赶超发达国家，但无法比较四种策略的优劣和作用大小。另外，本书得到的仅是局部均衡结论，在更广泛的一般均衡中，可存在其他作用机制影响四种策略的结果。

第 8 章

研究结论和政策含义

在之前 5 章研究中，本书首先构建理论模型；其次使用世界银行 2005 年中国企业投资环境调查数据进行检验，分别从企业生产率、出口参与和出口增长三方面探讨劳动力教育结构的作用；最后将理论模型拓展为动态，使用数值模拟分析了四种赶超策略。通过实证检验和数值模拟，本书证实了两个待检命题并得出一些需注意的结论。本章将总结以上研究结论，并针对结论分析其政策含义，为改善我国劳动力教育结构以促进制造业企业出口提出相应对策。

8.1 研究结论

在本书第 3 章和第 7 章理论研究中，主要得到以下结论：

第一，将反映教育决策的家庭最优支出模型与异质性企业生产模型相关联，本书构建了开放经济下异质性企业出口模型，在同质性国家条件下，得到两个重要命题：一国企业人力资本越高，市场中存活企业平均生产率 $\tilde{A}$ 越高，该国企业出口竞争力 Φ_X 越高（命题 4）；一国越注重孩子数，该国市场中存活企业的平均生产率 $\tilde{A}$ 和出口竞争力 Φ_X 越低，一国越注重孩子教育，抚养孩子的时间成本越高，或女性工资相对男性工资越高，该国市场中存活企业的

平均生产率 $\tilde{A}$ 和出口竞争力 Φ_X 越高（命题 5）。异质性国家条件下，理论模型推导无法得到明确解，人力资本作用不明确，需要进一步通过实证检验和数值模拟验证两个命题。

第二，构建的动态模型与静态模型保持了相同思路，且主体结论相同，两者在本质上是统一的。使用数值模拟方法，本书发现降低微观家庭中对孩子数量的偏好，提高对孩子教育的偏好，延长抚养孩子的必要时间或提高女性相对工资，可提高一国市场中存活企业的平均生产率 $\tilde{A}_{t+1}$ 和出口竞争力 $\Phi_{X,t+1}$，即命题 5 正确。

第三，国家间统一增长（Galor，2012）不仅表现为生育率下降和经济快速发展，还表现为"统一的"人力资本提升、生产率提高和出口竞争力增强。初始人力资本水平低的落后国家可采用降低家庭中孩子数量的偏好，提高孩子教育的偏好，延长抚养孩子的必要时间或提高女性相对工资四种策略赶超发达国家。

本书从员工素质和高管能力两方面衡量企业人力资本，认为员工教育或高管教育越高，企业员工素质或高管能力越强，企业人力资本水平越高。在第 4 章、第 5 章和第 6 章的实证检验中，主要得到以下结论：

第一，总经理教育或员工教育提升都可促进我国企业全要素生产率增长，且员工中大专及以上人数占比提高比高中及以上人数占比提高，对企业生产率的促进作用更大。

第二，我国企业参与出口主要受总经理因素影响。总经理教育提升显著促进了企业出口倾向增加，这是一种因果关系，但员工教育不影响企业出口决策；总经理由政府任命降低了企业出口倾向，但总经理在企业中自主权越大，企业使用农民工比重越高，企业出口倾向越高。

第三，低技能或低教育的劳动力使用有助于促进企业出口增长。低技术的农民工占比增加或员工中高中及以上人数占比增加，可显著促进我国企业出口增长。与刘志彪和张杰（2009）一致，本书发现员工中大专及以上人数占比增加对企业出口增长作用不显著。

无论以出口倾向还是出口增长衡量出口竞争力，本书的检验都证实了命题 4 结论正确，即一国企业人力资本越高，市场中存活企业平均生产率 $\tilde{A}$ 越高且该国出口竞争力 Φ_X 越高。另外，根据企业所有权性质不同进行的分样本检验发现：

1. 国有企业

国有企业在我国地区间分布均匀；平均来看，国有企业规模最大、使用正式工比重最高而农民工比重最低。影响国有企业生产和出口的因素有以下四方面。

（1）虽然总经理教育提升或员工中大专及以上人数占比增加显著促进了国有企业生产率增长，但人力资本对国有企业出口参与及出口增长作用不显著。

（2）与杨振和李陈华（2013）相同，本书发现外资进入提高了我国国有企业生产率；外资占比提高也有助于促进国有企业出口参与及出口增长。企业规模增大或资本密集度提高同样有助于国有企业生产率及出口竞争力提高。

（3）总经理由政府任命的干预降低了国有企业出口倾向，增加总经理在生产、投资及人事方面的自主权可部分抵消政府干预的作用，促进国有企业出口倾向增加。

（4）农民工占比增加可显著促进国有企业出口增长。

2. 民营企业

无论以总经理教育还是员工教育衡量，民营企业人力资本在三类企业中都最低，但参与出口的民营企业规模更大、总经理教育或员工教育水平更高，使用的临时工比重也更低①。影响民营企业生产和出口的因素包括以下五方面。

（1）以总经理教育或员工教育衡量的人力资本可促进民营企业生产率增长，员工中大专及以上人数占比提高对企业生产率的促进

---

① 在"农民工占临时工比重"这项指标上，参与出口的民营企业和不出口的民营企业差别不大。

作用更大。员工中大专及以上人数占比提高还可促进民营企业出口倾向增加，但该作用小于总经理教育提升对民营企业出口参与的促进作用。

（2）扩大规模有助于民营企业生产率及出口竞争力提高。学者普遍支持外部融资约束抑制了我国民营企业生产率增长（何光辉和杨咸月，2012）和出口参与（孙灵燕和李荣林，2011），本书研究证实了这一点。

（3）政府任命对民营企业出口参与作用不显著，这一点与国有企业不同（民营企业总经理任命本就不受政府干预），但增加总经理自主权同样可促进企业出口倾向增加。

（4）总经理教育虽可提高民营企业出口倾向，但其作用发挥受到总经理工作年限、电子商务和外部融资约束干扰，放松外部融资约束虽促进了企业参与出口，但放松约束后支付利息增加限制了总经理教育对企业出口倾向的促进作用。

（5）农民工占比增加促进了民营企业出口增长，但这一促进作用随农民工增加而递减。另外交互项检验显示，企业成立时间越久，农民工占比增加对企业出口的正向作用越大，但企业资本密集度提高不利于农民工发挥作用。

3. 外资企业

4.1 节统计分析显示，外资企业人力资本和出口倾向在三类企业中最高，但高出口参与并非来自其人力资本优势，无出口的外资企业总经理教育和员工教育都明显高于出口外资企业，而且有出口的外资企业比无出口的外资企业临时工和农民工占比更高，从而说明外资企业进入我国主要是为利用我国廉价的劳动力等资源，加工或组装产品以再出口至其他国家（唐宜红和林发勤，2009；孙灵燕和李荣林，2011）。影响外资企业生产和出口的因素包括以下两方面。

（1）以总经理教育或员工教育衡量的人力资本增加可促进外资企业生产率增长。总经理教育提升促进了企业参与出口，但外资企业中大专及以上人数占比增长降低了企业出口倾向，这部分由于外资企业有固定出口渠道，其出口并非完全生产率驱动型，高学历人才增长反而带来工资成本上升。

（2）农民工占比增加和低学历的高中及以上人数占比增加可促进外资企业出口增长，这再次印证了"外资企业进入我国主要是为利用廉价的劳动力等资源，加工或组装产品后再出口"这一结论。

8.2 政策含义

本节将从以下三方面分析上述结论包含的政策含义。

首先，企业生产率方面，企业经营者和国家政策制定者都要重视劳动力教育的作用，使用高教育水平员工和总经理有助于制造业企业生产率增长，实现"中国制造 2025"发展战略。但第 1 章制造业劳动力教育结构总结显示，无论 2000 年还是 2010 年，我国制造业企业就业人群始终以初中以下低学历者为主，说明扩招后的大学生大部分并未进入制造业。为鼓励高教育人才流入制造业企业，企业可主动寻求与高校合作，使高校紧跟企业需求设置专业以为企业培养高水平定制人才。政策制定者可通过调整行业税收方案，增加制造业从业人员相对收入，鼓励高教育水平劳动力进入制造业就业。

其次，要注重总经理在企业参与出口中的领军作用。教育水平越高，总经理能力越强，越有可能组建高效企业参与国际竞争。总经理在企业内自主权越大，越有利于发挥领军作用，但由政府任命总经理降低了其对出口参与的促进作用。政策制定者可考虑取消这种任命干预，以教育背景或工作能力为标准，在更广泛的地域范围招聘企业高管，尤其是总经理。总经理在管理企业时应给与足够的自主权。另外，政府还可考虑出台政策，培育有国际化视野的企业家及职业经理人。另外，使用低技能或相对低教育的劳动力有助于促进制造业企业出口增长，说明 2005 年制造业企业生产中使用了与之相匹配的低技术。到 2025 年，我国若希望成为世界制造业强国，生产高技术含量产品，则需要有与之相匹配的高技术劳动力来促进生产和出口增长。劳动力培养不能一蹴而就，国家政策制定者和各高校需明确这一点，从现在起就加快培养高教育和高技术水平劳动力。

最后，理论和实证都发现微观家庭中，后代子女教育和家庭生育率存在负向关系（QQ 替代）。我国 2015 年以来实行二孩政策，允许家庭生育第二个子女，根据 QQ 替代，这降低家庭对单个子女的教育投入，不利于后代劳动力人力资本积累，为降低其对企业生产和出口的不利影响，研究学者和国家政策制定者可从降低家庭中孩子数量偏好，提高孩子教育偏好，延长抚养孩子的必要时间及提高女性相对工资四方面提出相应对策。

虽然总体来看，"一国企业人力资本越高，市场中存活企业平均生产率 $\tilde{A}$ 越高且该国出口竞争力 Φ_X 越高"成立，但分样本的检验结果发现，企业性质不同，以劳动力教育衡量的人力资本作用机制不同，因此需要各自有针对性的政策指引。

对于国有企业，减少政府对总经理任命的干预、增加总经理自主权是提高国有企业出口倾向的重要途径；相比于民营企业和外资企业，国有企业具有规模优势，进一步增大规模、提高企业资本密集度及外资比重，有助于国有企业生产率及出口竞争力提高。

民营企业中，高水平人力资本促进了企业生产和出口，且总经理教育和员工教育作用侧重点不同。使用低技术农民工虽可带来民营企业出口增长，但这一劳动力结构与企业技术升级不匹配。若企业生产提高技术复杂度和资本密集度，需减少农民工使用。另外，外部融资约束是制约民营企业发展的重要因素。

外资企业以固定出口渠道销售其在中国组装的产品，其出口竞争力并非来自生产率优势，因此很难通过改变人力资本配置来促进其生产和出口。提升我国外资企业技术优势，可从提升其进入中国"门槛"入手，吸引有技术优势的企业落户中国生产，使用高教育水平劳动力参与生产，将有助于优势技术在中国扩散，帮助我国实现制造业强国目标。

附录 A 第 3 章公式的证明

A1 求解 $J(A^*)$

证明：附录 A1 中，定义了 $J(A^*) = \int_0^\infty \left[\left(\dfrac{A}{A^*} \right)^{\sigma-1} - 1 \right] \mathrm{d}G(A)$，则有：

$$
\begin{aligned}
J(A^*) &= \int_{A^*}^\infty \left[\left(\frac{A}{A^*} \right)^{\sigma-1} - 1 \right] a A^{-a-1} \mathrm{d}A \\
&= \int_{A^*}^\infty \left(\frac{1}{A^*} \right)^{\sigma-1} A^{\sigma-1} a A^{-a-1} \mathrm{d}A - \int_{A^*}^\infty a A^{-a-1} \mathrm{d}A \\
&= a \left(\frac{1}{A^*} \right)^{\sigma-1} \int_{A^*}^\infty A^{\sigma-a-2} \mathrm{d}A - a \int_{A^*}^\infty A^{-a-1} \mathrm{d}A \\
&= a \left(\frac{1}{A^*} \right)^{\sigma-1} \times \frac{1}{\sigma-a-1} A^{\sigma-a-1} \Big|_{A^*}^\infty - a \left(-\frac{1}{a} \right) A^{-a} \Big|_{A^*}^\infty \\
&= \frac{-a}{\sigma-a-1} \left(\frac{1}{A^*} \right)^{\sigma-1} \times (A^*)^{\sigma-a-1} - (A^*)^{-a} \\
&= \frac{a}{a+1-\sigma} (A^*)^{1-\sigma+\sigma-a-1} - (A^*)^{-a} \\
&= \frac{a}{a+1-\sigma} (A^*)^{-a} - (A^*)^{-a} \\
&= \left(\frac{a}{a+1-\sigma} - 1 \right) (A^*)^{-a} \\
&= \left(\frac{\sigma-1}{a+1-\sigma} \right) \left(\frac{1}{A^*} \right)^a
\end{aligned}
$$

故 $J(A^*) = \dfrac{\sigma-1}{a-(\sigma-1)} \left(\dfrac{1}{A^*} \right)^a$，证毕。

A2 式 (3.15) 的证明

证明：根据 FE 条件可知，$\int_0^\infty \pi(A)\mathrm{d}G(A) = \int_0^\infty \left[\dfrac{r(A)}{\sigma} - f\right]\mathrm{d}G(A) = \delta f_E$。

$$\int_0^\infty \left[\frac{r(A)}{\sigma} - f\right]\mathrm{d}G(A) = \int_0^\infty \left[\frac{r(A)}{r(A^*)}\frac{r(A^*)}{\sigma} - f\right]\mathrm{d}G(A) \quad (A1)$$

由于 $\dfrac{r(A_1)}{r(A_2)} = \left(\dfrac{A_1}{A_2}\right)^{\sigma-1}$，可知：$\dfrac{r(A)}{r(A^*)} = \left(\dfrac{A}{A^*}\right)^{\sigma-1}$。

由于 $\pi(A^*) = \dfrac{r(A^*)}{\sigma} - f = 0$，可知：$\dfrac{r(A^*)}{\sigma} = f$。

将上两式代入式 (A1) 可得：

$$\int_0^\infty \left[\frac{r(A)}{\sigma} - f\right]\mathrm{d}G(A) = f \times \int_0^\infty \left[\left(\frac{A}{A^*}\right)^{\sigma-1} - 1\right]\mathrm{d}G(A) = \delta f_E$$

$$(A2)$$

令 $\int_0^\infty \left[\left(\dfrac{A}{A^*}\right)^{\sigma-1} - 1\right]\mathrm{d}G(A) = J(A^*)$，则 $J(A^*) = \dfrac{\delta f_E}{f}$。

根据 A1 的证明可知，$J(A^*) = \dfrac{\sigma-1}{a-(\sigma-1)}\left(\dfrac{1}{A^*}\right)^a$，因此有：

$$\left(\frac{1}{A^*}\right)^{\frac{1}{h}} = \frac{\frac{1}{h} - (\sigma-1)}{\sigma-1} \times \frac{\delta f_E}{f}$$

$$(A^*)^{\frac{1}{h}} = \frac{\sigma-1}{\frac{1}{h} - (\sigma-1)} \times \frac{f}{\delta f_E}$$

$$\frac{1}{h}\ln(A^*) = \ln\left(\frac{\sigma-1}{\frac{1}{h} - (\sigma-1)}\right) + \ln\left(\frac{f}{\delta f_E}\right)$$

$$\ln(A^*) = h\left[\ln\left(\frac{h(\sigma-1)}{1-h(\sigma-1)}\right) + \ln\left(\frac{f}{\delta f_E}\right)\right] \text{证毕。}$$

A3 式 (3.17) 的证明

证明：$\widetilde{A} = \left[\int_{A^*}^\infty A^{\sigma-1}\mu(A)\mathrm{d}A\right]^{\frac{1}{\sigma-1}}$

$$= \left[\int_{A^*}^{\infty} A^{\sigma-1} \frac{1}{h} A^{-\frac{1}{h}-1} (A^*)^{\frac{1}{h}} dA \right]^{\frac{1}{\sigma-1}}$$

$$= \left[\frac{(A^*)^{\frac{1}{h}}}{h} \right]^{\frac{1}{\sigma-1}} \left[\int_{A^*}^{\infty} A^{\sigma-2-\frac{1}{h}} dA \right]^{\frac{1}{\sigma-1}}$$

$$= \left[\frac{(A^*)^{\frac{1}{h}}}{h} \right]^{\frac{1}{\sigma-1}} \left[\frac{1}{\sigma-1-\frac{1}{h}} A^{\sigma-1-\frac{1}{h}} \Big|_{A^*}^{\infty} \right]^{\frac{1}{\sigma-1}}$$

$$= \left[\frac{(A^*)^{\frac{1}{h}}}{h} \right]^{\frac{1}{\sigma-1}} \left[\frac{1}{\frac{1}{h}+1-\sigma} (A^*)^{\sigma-1-\frac{1}{h}} \right]^{\frac{1}{\sigma-1}}$$

$$= \left[\frac{1}{h} \right]^{\frac{1}{\sigma-1}} (A^*)^{\frac{1}{h(\sigma-1)}} \left(\frac{1}{\frac{1}{h}+1-\sigma} \right)^{\frac{1}{\sigma-1}} (A^*)^{1-\frac{1}{h(\sigma-1)}}$$

$$= \left[\frac{1}{1+h(1-\sigma)} \right]^{\frac{1}{\sigma-1}} (A^*)$$

故 $\tilde{A} = \left[\dfrac{1}{1-h(\sigma-1)} \right]^{\frac{1}{\sigma-1}} (A^*)$，证毕。

A4 式 (3.21) 的证明

证明：由于 $V_e = \int_0^{\infty} v_i(A) dG_i(A) - f_{Ei} = 0$，将正文中式 (3.12) 代入，得到：

$$\int_0^{\infty} \frac{\pi_i(A)}{\delta} dG_i(A) = f_{Ei}$$

$$\int_0^{\infty} \pi_i(A) dG_i(A) = \delta f_{Ei} \tag{1}$$

由于 $\pi_{ni}(A) = \dfrac{r_{ni}(A)}{\sigma} - f_{ni} = \dfrac{r_{ni}(A)}{r_{ni}(A_{ni}^*)} \times \dfrac{r_{ni}(A_{ni}^*)}{\sigma} - f_{ni}$，根据 $\dfrac{r(A_1)}{r(A_2)} = \left(\dfrac{A_1}{A_2} \right)^{\sigma-1} \Rightarrow \dfrac{r_{ni}(A)}{r_{ni}(A_{ni}^*)} = \left(\dfrac{A}{A_{ni}^*} \right)^{\sigma-1}$ 及 $r_{ni}(A_{ni}^*) = \sigma f_{ni}$，可得：

$$\pi_{ni}(A) = \left(\frac{A}{A_{ni}^*} \right)^{\sigma-1} \times f_{ni} - f_{ni} \tag{2}$$

企业利润 $\pi_i(A)$ 不仅包括本国销售利润 $\pi_{ii}(A)$，也包括对 n 国出口获得的利润 $\pi_{ni}(A)$，因此式（2）可转化为：

$$\sum_n \int_0^\infty \pi_{ni}(A)\mathrm{d}G_i(A) = \delta f_{Ei}$$

$$\sum_n \int_0^\infty \left[\left(\frac{A}{A_{ni}^*} \right)^{\sigma-1} \times f_{ni} - f_{ni} \right] \mathrm{d}G_i(A) = \delta f_{Ei}$$

$$\sum_n f_{ni} \int_0^\infty \left[\left(\frac{A}{A_{ni}^*} \right)^{\sigma-1} - 1 \right] \mathrm{d}G_i(A) = \delta f_{Ei}$$

定义 $J_i(A_{ni}^*) = \int_0^\infty \left[\left(\frac{A}{A_{ni}^*} \right)^{\sigma-1} - 1 \right] \mathrm{d}G_i(A)$，$J_i(A_{ni}^*)$ 的表达式见 A1，则上式可简化为 $\sum_n f_{ni} \times J_i(A_{ni}^*) = \delta f_{Ei}$，这就是式（3.21），证毕。

A5　式（3.25）的证明

证明：在同质性国家的假设下，开放经济中市场均衡条件为：

$$B\tau^{1-\sigma}(A_X^*)^{\sigma-1} = f_X \tag{3}$$

$$B(A^*)^{\sigma-1} = f \tag{4}$$

$$J(A^*)f + (N-1)J(A_X^*)f_X = \delta f_E \tag{5}$$

根据 A1 可知，$J(A^*) = \dfrac{\sigma-1}{a-(\sigma-1)} \left(\dfrac{1}{A^*} \right)^a$，代入式（5），可得：

$$\left(\frac{\sigma-1}{\dfrac{1}{h}-(\sigma-1)} \right) \left(\frac{1}{A^*} \right)^{\frac{1}{h}} f + (N-1) \left(\frac{\sigma-1}{\dfrac{1}{h}-(\sigma-1)} \right) \left(\frac{1}{A_X^*} \right)^{\frac{1}{h}} f_X = \delta f_E \tag{6}$$

式（4）除以式（3）可得：$\dfrac{B(A^*)^{\sigma-1}}{B\tau^{1-\sigma}(A_X^*)^{\sigma-1}} = \dfrac{f}{f_X} \Rightarrow \left(\dfrac{A^*}{A_X^*} \right)^{\sigma-1} = \left(\dfrac{f}{f_X} \right)\tau^{1-\sigma}$，化简可得：

$$\frac{1}{A_X^*} = \left(\frac{f}{f_X} \right)^{\frac{1}{\sigma-1}} \left(\frac{1}{\tau} \right) \left(\frac{1}{A^*} \right) \tag{7}$$

由于假定 $A_{ii}^* < A_{ni}^*$ 成立，因此 $A^* < A_X^*$，据式（7）可得 $\left(\dfrac{f}{f_X}\right)^{\frac{1}{\sigma-1}}\left(\dfrac{1}{\tau}\right) < 1$ 成立，

$$\Rightarrow \left(\frac{f}{f_X}\right)^{\frac{1}{\sigma-1}} < \tau$$

$$\Rightarrow \frac{f}{f_X} < (\tau)^{\sigma-1} \qquad (8)$$

将式（7）代入式（6），可得：

$$\left(\frac{\sigma-1}{\frac{1}{h}-(\sigma-1)}\right)\left(\frac{1}{A^*}\right)^{\frac{1}{h}}f + (N-1)\left(\frac{\sigma-1}{\frac{1}{h}-(\sigma-1)}\right)\left(\frac{f}{f_X}\right)^{\frac{1}{h(\sigma-1)}}\left(\frac{1}{\tau}\right)^{\frac{1}{h}}\left(\frac{1}{A^*}\right)^{\frac{1}{h}}f_X = \delta f_E$$

$$\left(\frac{1}{A^*}\right)^{\frac{1}{h}}\left[\frac{\sigma-1}{\frac{1}{h}-(\sigma-1)}\right]\left[f + (N-1)\left(\frac{f}{f_X}\right)^{\frac{1}{h(\sigma-1)}}\left(\frac{1}{\tau}\right)^{\frac{1}{h}}f_X\right] = \delta f_E$$

$$\left[\frac{\sigma-1}{\frac{1}{h}-(\sigma-1)}\right]\left[\frac{f + (N-1)\left(\frac{f}{f_X}\right)^{\frac{1}{h(\sigma-1)}}\left(\frac{1}{\tau}\right)^{\frac{1}{h}}f_X}{\delta f_E}\right] = (A^*)^{\frac{1}{h}}$$

令 $D = \left(\dfrac{f_X}{f}\right)^{\frac{1}{\sigma-1}}$，代入上式可得：

$$(A^*)^{\frac{1}{h}} = \left[\frac{\sigma-1}{\frac{1}{h}-(\sigma-1)}\right]\left[\frac{f+(N-1)(D\tau)^{-\frac{1}{h}}f_X}{\delta f_E}\right]$$

$$\frac{1}{h}\ln(A^*) = \ln\left(\frac{\sigma-1}{\frac{1}{h}-(\sigma-1)}\right) + \ln\left(\frac{f+(N-1)(D\tau)^{-\frac{1}{h}}f_X}{\delta f_E}\right)$$

$$\ln(A^*) = h\left[\ln\left(\frac{\sigma-1}{\frac{1}{h}-(\sigma-1)}\right) + \ln\left(\frac{f+(N-1)(D\tau)^{-\frac{1}{h}}f_X}{\delta f_E}\right)\right], \text{ 这}$$

就是式（3.25），证毕。

A6 式（3.32）的证明

证明：根据式（3.29）可知，$J(A^*)f + J(A_X^*)f_X = \delta f_E$，将

$J(A^*) = \dfrac{\sigma - 1}{a - (\sigma - 1)}\left(\dfrac{1}{A^*}\right)^a$ 代入可得：

$$\left(\dfrac{\sigma - 1}{\dfrac{1}{h} - (\sigma - 1)}\right)\left(\dfrac{1}{A^*}\right)^{\frac{1}{h}} f + \left(\dfrac{\sigma - 1}{\dfrac{1}{h} - (\sigma - 1)}\right)\left(\dfrac{1}{A^*}\right)^{\frac{1}{h}}\left(\dfrac{f}{f_X}\right)^{\frac{1}{h(\sigma - 1)}}$$

$$\left(\dfrac{1}{\tau}\right)^{\frac{1}{h}}\left(\dfrac{X_n}{X_i}\right)^{\frac{1}{h(\sigma - 1)}}\left(\dfrac{P_n}{P_i}\right)^{\frac{1}{h}} f_X = \delta f_E$$

$$\left(\dfrac{\sigma - 1}{\dfrac{1}{h} - (\sigma - 1)}\right)\left(\dfrac{1}{A^*}\right)^{\frac{1}{h}}\left[f + \left(\dfrac{f}{f_X}\right)^{\frac{1}{h(\sigma - 1)}}\left(\dfrac{1}{\tau}\right)^{\frac{1}{h}}\left(\dfrac{X_n}{X_i}\right)^{\frac{1}{h(\sigma - 1)}}\left(\dfrac{P_n}{P_i}\right)^{\frac{1}{h}} f_X\right] = \delta f_E$$

$$(A^*)^{\frac{1}{h}} = \left(\dfrac{\sigma - 1}{\dfrac{1}{h} - (\sigma - 1)}\right)\left[\dfrac{f + \left(\dfrac{f}{f_X}\right)^{\frac{1}{h(\sigma - 1)}}\left(\dfrac{1}{\tau}\right)^{\frac{1}{h}}\left(\dfrac{X_n}{X_i}\right)^{\frac{1}{h(\sigma - 1)}}\left(\dfrac{P_n}{P_i}\right)^{\frac{1}{h}} f_X}{\delta f_E}\right]$$

令 $D = \left(\dfrac{f_X}{f}\right)^{\frac{1}{\sigma - 1}}$，代入上式可得：

$$(A^*)^{\frac{1}{h}} = \left(\dfrac{\sigma - 1}{\dfrac{1}{h} - (\sigma - 1)}\right)\left[\dfrac{f + \left(\dfrac{X_n}{X_i}\right)^{\frac{1}{h(\sigma - 1)}}\left(\dfrac{P_n}{P_i}\right)^{\frac{1}{h}}(D\tau)^{-\frac{1}{h}} f_X}{\delta f_E}\right]$$

两边取对数，可得：

$$\ln(A^*) = h\left[\ln\left(\dfrac{\sigma - 1}{\dfrac{1}{h} - (\sigma - 1)}\right) + \ln\left(\dfrac{f + \left(\dfrac{X_n}{X_i}\right)^{\frac{1}{h(\sigma - 1)}}\left(\dfrac{P_n}{P_i}\right)^{\frac{1}{h}}(D\tau)^{-\frac{1}{h}} f_X}{\delta f_E}\right)\right],$$

证毕。

A7　对一般价格指数 P_i 的证明

证明：对于 $P_i = \left[\displaystyle\int_{\omega \in \Omega_i} p(\omega)^{1-\sigma}\mathrm{d}\omega\right]^{\frac{1}{1-\sigma}}$，由于 Ω_i 中有 M 种产品

（M 家企业，每家企业生产一种产品），则：

$$P_i = \left[M \times \dfrac{1}{M}\int_{\omega \in \Omega_i} p(\omega)^{1-\sigma}\mathrm{d}\omega\right]^{\frac{1}{1-\sigma}}$$

$$= M^{\frac{1}{1-\sigma}} \times \left[\dfrac{1}{M}\int_{\omega \in \Omega_i} p(\omega)^{1-\sigma}\mathrm{d}\omega\right]^{\frac{1}{1-\sigma}}$$

$$= M^{\frac{1}{1-\sigma}} \times (E[p(\omega)^{1-\sigma}])^{\frac{1}{1-\sigma}} \tag{9}$$

由于 $p(\omega) = \dfrac{\sigma}{\sigma-1} \times \dfrac{1}{A}$，为推导方便，令 $\sigma = \dfrac{1}{1-\rho} > 1 \Rightarrow \rho =$

$\dfrac{\sigma-1}{\sigma} \Rightarrow \dfrac{1}{\rho} = \dfrac{\sigma}{\sigma-1}$，因此 $p(\omega) = \dfrac{1}{\rho A}$。由于 $\dfrac{1}{p(\omega)} = \rho A$，其中生产率

$A \backsim Pareto(a) \Rightarrow \rho A \backsim Pareto(a)$，即 ρA 服从 Pareto 分布，其位置参

数 $A_m = \rho$，形状参数为 a，从而得到 $\dfrac{1}{p(\omega)} \backsim Pareto(a)$。定义 $\rho = \dfrac{1}{p_0}$。

由于 $p(\omega)^{1-\sigma} = [p(\omega)^{-1}]^{\sigma-1} \backsim Pareto\left(\dfrac{a}{\sigma-1}\right)$，其形状参数为

$\dfrac{a}{\sigma-1}$，位置参数为 $(\rho)^{\sigma-1} = p_0^{1-\sigma}$，从而得到 $E[p(\omega)^{1-\sigma}] =$

$\dfrac{\frac{a}{\sigma-1}}{\left(\frac{a}{\sigma-1}\right)-1} p_0^{1-\sigma} = \dfrac{a}{a-(\sigma-1)} p_0^{1-\sigma}$，代入式（9），可得：

$$P_i = M^{\frac{1}{1-\sigma}} \times (E[p(\omega)^{1-\sigma}])^{\frac{1}{1-\sigma}} = M^{\frac{1}{1-\sigma}} \times \left(\dfrac{a}{a-(\sigma-1)} p_0^{1-\sigma}\right)^{\frac{1}{1-\sigma}}$$

$$\Rightarrow P_i = M^{\frac{1}{1-\sigma}} \times \left[\dfrac{a}{a-(\sigma-1)}\right]^{\frac{1}{1-\sigma}} p_0$$

$\Rightarrow P_i = M^{\frac{1}{1-\sigma}} \times \left[\dfrac{a}{a-(\sigma-1)}\right]^{\frac{1}{1-\sigma}} \dfrac{1}{\rho}$ 将 $a = \dfrac{1}{h}$ 和 $\rho = \dfrac{\sigma-1}{\sigma}$ 代入可得：

$\Rightarrow P_i = M^{\frac{1}{1-\sigma}} \left[\dfrac{1}{1-h(\sigma-1)}\right]^{\frac{1}{1-\sigma}} \left(\dfrac{\sigma}{\sigma-1}\right)$ 证毕。

附录 B　第 7 章式（7.3）和
式（7.4）的证明

证明：$\max_{c_t, n_t, e_t} U = \log(2c_t h_t) + \alpha \log(n_t) + \gamma \log(e_t + \bar{e})$

s. t.　$w^M h_t + w^F h_t (1 - \phi n_t) = 2P c_t h_t + e_t n_t$

由预算约束可知：$2c_t h_t = \dfrac{w^M h_t + w^F h_t (1 - \phi n_t) - e_t n_t}{P}$，将其代

入效用函数：

$U = \log[w^M h_t + w^F h_t (1 - \phi n_t) - e_t n_t] - \log P + \alpha \log(n_t) + \gamma \log(e_t + \bar{e})$

$$\Rightarrow \frac{\partial U}{\partial e_t} = \frac{-n_t}{w^M h_t + w^F h_t (1 - \phi n_t) - e_t n_t} + \frac{\gamma}{e_t + \bar{e}} = 0 \tag{1}$$

$$\Rightarrow \frac{\partial U}{\partial n_t} = \frac{-w^F h_t \phi - e_t}{w^M h_t + w^F h_t (1 - \phi n_t) - e_t n_t} + \frac{\alpha}{n_t} = 0$$

$$\Rightarrow \frac{w^F h_t \phi + e_t}{w^M h_t + w^F h_t (1 - \phi n_t) - e_t n_t} = \frac{\alpha}{n_t} \tag{2}$$

由式（1）可得：$\dfrac{n_t}{w^M h_t + w^F h_t (1 - \phi n_t) - e_t n_t} = \dfrac{\gamma}{e_t + \bar{e}}$

$$\Rightarrow w^M h_t + w^F h_t (1 - \phi n_t) - e_t n_t = \frac{n_t (e_t + \bar{e})}{\gamma} \tag{3}$$

将式（3）代入式（2）：$w^F h_t \phi + e_t = \dfrac{\alpha}{n_t} \times \dfrac{n_t (e_t + \bar{e})}{\gamma} = \dfrac{\alpha}{\gamma} \times (e_t + \bar{e})$

$$\Rightarrow w^F h_t \phi - \frac{\alpha}{\gamma} \bar{e} = \frac{\alpha}{\gamma} e_t - e_t = \left(\frac{\alpha - \gamma}{\gamma} \right) e_t$$

$$\Rightarrow e_t = \frac{\gamma w^F h_t \phi - \alpha \bar{e}}{\alpha - \gamma} \tag{4}$$

式（4）即为正文中式（7.3）。由式（4）可知，

$$n_t(e_t + \bar{e}) = \gamma w^M h_t + \gamma w^F h_t(1 - \phi n_t) - \gamma e_t n_t$$

$$\Rightarrow n_t(e_t + \bar{e}) + \gamma e_t n_t + n_t \gamma w^F h_t \phi = \gamma w^M h_t + \gamma w^F h_t$$

$$\Rightarrow n_t = \frac{\gamma w^M h_t + \gamma w^F h_t}{e_t + \bar{e} + \gamma e_t + \gamma w^F h_t \phi}$$

由于 $(1 + \gamma)e_t = (1 + \gamma) \times \dfrac{\gamma w^F h_t \phi - \alpha \bar{e}}{\alpha - \gamma}$，将其代入上式，可得：

$$n_t = \frac{\gamma w^M h_t + \gamma w^F h_t}{\bar{e} + \gamma w^F h_t \phi + (1 + \gamma) \times \dfrac{\gamma w^F h_t \phi - \alpha \bar{e}}{\alpha - \gamma}} \Rightarrow n_t = \frac{(w^M h_t + w^F h_t)(\alpha - \gamma)}{(1 + \alpha)(w^F h_t \phi - \bar{e})}$$

$$(5)$$

式（5）即为正文中式（7.4）。将 n_t 和 e_t 代入 $2c_t h_t = \dfrac{w^M h_t + w^F h_t(1 - \phi n_t) - e_t n_t}{P}$ 并化简：

$$c_t = \frac{w^M + w^F - w^F \phi n_t - \dfrac{e_t n_t}{h_t}}{2P} = \frac{w^M + w^F}{2P(1 + \alpha)} \text{证毕。}$$

参 考 文 献

[1] 蔡兴、刘子兰：《人口因素与东亚贸易顺差——基于人口年龄结构，预期寿命和性别比率等人口因素的实证研究》，载于《中国软科学》2013 年第 9 期，第 48 ~ 59 页。

[2] 曾毅、顾宝昌、郭志刚：《低生育水平下的中国人口与经济发展》，北京大学出版社 2010 年版。

[3] 陈斌开、金箫、欧阳涤非：《住房价格，资源错配与中国工业企业生产率》，载于《世界经济》2015 年第 4 期，第 77 ~ 98 页。

[4] 陈波、荆然：《金融危机、融资成本与我国出口贸易变动》，载于《经济研究》2013 年第 2 期，第 30 ~ 41、160 页。

[5] 陈琳、何欢浪、罗长远：《融资约束与中小企业的出口行为：广度和深度》，载于《财经研究》2012 年第 10 期，第 134 ~ 144 页。

[6] 陈强远、钱学锋、李敬子：《中国大城市的企业生产率溢价之谜》，载于《经济研究》2016 年第 3 期，第 110 ~ 122 页。

[7] 陈维涛、王永进、李坤望：《地区出口企业生产率，二元劳动力市场与中国的人力资本积累》，载于《经济研究》2014 年第 1 期，第 83 ~ 96 页。

[8] 陈兴：《股权集中度与民营企业的信贷可得性——基于世界银行中国企业调查的微观证据》，载于《财经问题研究》2017 年第 8 期，第 37 ~ 44 页。

[9] 崔维军、王文婧、傅宇、韩硕、赵佳璐：《开放式创新与

中国制造业企业创新绩效：基于世界银行企业调查数据的实证分析》，载于《科技管理研究》2017年第11期，第1~7页。

[10] 戴觅、余淼杰：《企业出口前研发投入、出口及生产率进步——来自中国制造业企业的证据》，载于《经济学（季刊）》2011年第1期，第211~230页。

[11] 冯丹卿、钟昌标、黄远浙：《外资进入速度对内资企业出口贸易的影响研究》，载于《世界经济》2013年第12期，第29~52页。

[12] 高凌云、屈小博、贾朋：《中国工业企业规模与生产率的异质性》，载于《世界经济》2014年第6期，第113~137页。

[13] 郭凯明、王春超、何意銮：《女性家庭地位上升，生育率差异与工资不平等》，载于《南方经济》2016年第4期，第45~62页。

[14] 郭平：《政治关系，制度环境与中国企业出口行为》，载于《当代财经》2015年第1期，第98~108页。

[15] 何光辉、杨咸月：《融资约束对企业生产率的影响——基于系统GMM方法的国企与民企差异检验》，载于《数量经济技术经济研究》2012年第5期，第19~35页。

[16] 江小涓：《中国出口增长与结构变化：外商投资企业的贡献》，载于《南开经济研究》2002年第2期，第30~34页。

[17] 蒋冠宏：《融资约束与中国企业出口方式选择》，载于《财贸经济》2016年第5期，第106~118页。

[18] 孔东民、庞立让：《研发投入对生产率提升的滞后效应：来自工业企业的微观证据》，载于《产业经济研究》2014年第6期，第69~80、90页。

[19] 雷明：《技术进步，组织管理效率与生产率变动决定》，载于《经济科学》1997年第4期，第41~46页。

[20] 李静、彭飞、毛德凤：《研发投入对企业全要素生产率的溢出效应——基于中国工业企业微观数据的实证分析》，载于《经济评论》2013年第3期，第77~86页。

[21] 李晴:《人口老龄化对贸易收支的影响》,厦门大学博士学位论文,2009 年。

[22] 李雪灵、张惺、刘钊、陈丹:《制度环境与寻租活动:源于世界银行数据的实证研究》,载于《中国工业经济》2012 年第 11 期,第 84 ~ 96 页。

[23] 李志远、余淼杰,生产率:《信贷约束与企业出口:基于中国企业层面的分析》,载于《经济研究》2013 年第 6 期,第 85 ~ 99 页。

[24] 林毅夫:《转变思路应对全球贸易新常态》,载于《清华金融评论》2016 年第 11 期,第 56 ~ 58 页。

[25] 林毅夫、蔡昉、李周:《对赶超战略的反思》,载于《战略与管理》1994 年第 6 期,第 1 ~ 12 页。

[26] 林志帆、赵秋运:《金融抑制会导致劳动收入份额下降吗?——来自世界银行 2012 年中国企业调查数据的经验证据》,载于《中国经济问题》2015 年第 6 期,第 49 ~ 59 页。

[27] 凌江怀、匡亚文:《信用环境对中小企业融资约束的影响——基于世界银行中国企业调查数据的实证研究》,载于《华南师范大学学报(社会科学版)》2016 年第 3 期,第 127 ~ 132 页。

[28] 刘锦、王学军:《寻租腐败与中国企业出口:促进还是抑制》,载于《国际经贸探索》2015 年第 3 期,第 42 ~ 53 页。

[29] 刘志彪、张杰:《我国本土制造业企业出口决定因素的实证分析》,载于《经济研究》2009 年第 8 期,第 99 ~ 112、159 页。

[30] 罗长远、李姝醒:《出口是否有助于缓解企业的融资约束?——基于世界银行中国企业调查数据的实证研究》,载于《金融研究》2014 年第 9 期,第 1 ~ 17 页。

[31] 吕铁、王海成:《劳动力市场管制对企业技术创新的影响——基于世界银行中国企业调查数据的分析》,载于《中国人口科学》2015 年第 4 期,第 32 ~ 46、127 页。

[32] 毛其淋、盛斌:《贸易自由化与中国制造业企业出口行为:"入世"是否促进了出口参与?》,载于《经济学(季刊)》

2014 年第 2 期，第 647～674 页。

[33] 毛其淋、许家云：《中间品贸易自由化、制度环境与生产率演化》，载于《世界经济》2015 年第 9 期，第 80～106 页。

[34] 钱学锋、王菊蓉、黄云湖、王胜：《出口与中国工业企业的生产率——自我选择效应还是出口学习效应？》，载于《数量经济技术经济研究》2011 年第 2 期，第 37～51 页。

[35] 钱学锋、熊平：《中国出口增长的二元边际及其因素决定：经验研究》，载于《经济研究》2010 年第 1 期，第 65～79 页。

[36] 任曙明、吕镯：《融资约束、政府补贴与全要素生产率——来自中国装备制造企业的实证研究》，载于《管理世界》2014 年第 11 期，第 10～23、187 页。

[37] 茹玉骢、李燕：《电子商务与中国企业出口行为：基于世界银行微观数据的分析》，载于《国际贸易问题》2014 年第 12 期，第 3～13 页。

[38] 沈坤荣：《外国直接投资与中国经济增长》，载于《管理世界》1999 年第 5 期，第 22～33 页。

[39] 盛丹、包群、王永进：《基础设施对中国企业出口行为的影响："集约边际"还是"扩展边际"》2011 年第 1 期，第 17～36 页。

[40] 盛丹、王永进：《产业集聚、信贷资源配置效率与企业的融资成本——来自世界银行调查数据和中国工业企业数据的证据》，载于《管理世界》2013 年第 6 期，第 85～98 页。

[41] 施炳展、邵文波：《中国企业出口产品质量测算及其决定因素——培育出口竞争新优势的微观视角》，载于《管理世界》2014 年第 9 期，第 90～106 页。

[42] 孙灵燕：《融资约束对企业出口的影响：中国的证据》，南开大学博士学位论文，2011 年。

[43] 孙灵燕、李荣林：《融资约束限制中国企业出口参与吗？》，载于《经济学（季刊）》2011 年第 1 期，第 231～252 页。

[44] 孙晓华、王昀：《企业规模对生产率及其差异的影响——

来自工业企业微观数据的实证研究》,载于《中国工业经济》2014 年第 5 期,第 57~69 页。

[45] 汤梦君:《中国生育政策的选择:基于东亚,东南亚地区的经验》,载于《人口研究》2013 年第 6 期,第 77~90 页。

[46] 唐宜红、林发勤:《异质性企业贸易模型对中国企业出口的适用性检验》,载于《南开经济研究》2009 年第 6 期,第 88~99 页。

[47] 田巍、姚洋、余淼杰、周羿:《人口结构与国际贸易》,载于《经济研究》2013 年第 11 期,第 87~99 页。

[48] 涂肇庆:《生育转型,性别平等与香港生育政策选择》,载于《人口研究》2006 年第 3 期,第 10~15 页。

[49] 汪伟:《人口结构变化与中国贸易顺差:理论与实证研究》,载于《财经研究》2012 年第 8 期,第 26~37 页。

[50] 王红玲:《中国工业所有制结构差异及其影响的实证分析》,载于《数量经济技术经济研究》2001 年第 5 期,第 84~87 页。

[51] 王林辉、董直庆:《资本体现式技术进步,技术合意结构和我国生产率增长来源》,载于《数量经济技术经济研究》2012 年第 5 期,第 3~18 页。

[52] 王仁言:《人口年龄结构,贸易差额与中国汇率政策的调整》,载于《世界经济》2003 年第 9 期,第 3~9 页。

[53] 王有鑫:《人口老龄化对出口的影响:理论和实证的分析》,南开大学博士学位论文,2014 年。

[54] 王有鑫、赵雅婧:《中国人口结构变动与制造业出口结构优化》,载于《南方人口》2013 年第 5 期,第 61~70 页。

[55] 王有鑫、赵雅婧:《劳动力年龄分布,老龄化趋势与出口比较优势》,载于《西北人口》2013 年第 6 期,第 64~69 页。

[56] 王有鑫、赵雅婧:《人口结构变动对经常账户的影响——基于 215 个国家和地区数据的经验分析》,载于《当代经济管理》2015 年第 12 期,第 31~38 页。

[57] 王有鑫、赵雅婧:《人口年龄结构与出口比较优势——

理论框架和实证经验》，载于《世界经济研究》2016 年第 4 期，第78 ~ 93 页。

[58] 王有鑫、赵雅婧：《中国制造业出口比较优势动念演变原因探析——基于人口年龄结构视角》，载于《南方人口》2016 年第 1 期，第 26 ~ 37 页。

[59] 王志鹏、李子奈：《外资对中国工业企业生产效率的影响研究》，载于《管理世界》2003 年第 4 期，第 17 ~ 25 页。

[60] 魏下海、董志强：《城市商业制度环境影响劳动者工资扭曲吗？——基于世界银行和中国工业企业数据的经验研究》，载于《财经研究》2014 年第 5 期，第 4 ~ 18 页。

[61] 文东伟、冼国明：《中国制造业的垂直专业化与出口增长》，载于《经济学（季刊）》2010 年第 2 期，第 467 ~ 494 页。

[62] 吴利学、叶素云、傅晓霞：《中国制造业生产率提升的来源：企业成长还是市场更替？》，载于《管理世界》2016 年第 6期，第 22 ~ 39 页。

[63] 夏怡然、苏锦红：《独生子女政策对人力资本水平的影响研究——基于 2005 年 1% 人口抽样调查微观数据的实证研究》，载于《南方人口》2016 年第 6 期，第 57 ~ 68 页。

[64] 许和连、成丽红：《制度环境、创新与异质性服务业企业 TFP——基于世界银行中国服务业企业调查的经验研究》，载于《财贸经济》2016 年第 10 期，第 132 ~ 146 页。

[65] 晏涛：《研发创新推动了中国企业出口吗？——基于"扩展边际"与"集约边际"的实证检验》，载于《中南财经政法大学学报》2013 年第 6 期，第 103 ~ 110 页。

[66] 阳佳余：《融资约束与企业出口行为：基于工业企业数据的经验研究》，载于《经济学（季刊）》2012 年第 3 期，第 1503 ~ 1524 页。

[67] 杨继军：《人口因素如何挑起外贸失衡：现象描述，理论模型与数值模拟》，载于《国际贸易问题》2010 年第 11 期，第3 ~ 12 页。

[68] 杨汝岱：《中国工业制成品出口增长的影响因素研究：基于 1994～2005 年分行业面板数据的经验分析》，载于《世界经济》2008 年第 8 期，第 32～41 页。

[69] 杨振、李陈华：《外资来源、内生组织形式与生产率溢出——来自中国制造业的经验证据（1998～2007）》，载于《经济管理》2013 年第 3 期，第 1～11 页。

[70] 姚洋、余淼杰：《劳动力，人口和中国出口导向的增长模式》，载于《金融研究》2009 年第 9 期，第 1～13 页。

[71] 姚洋、章奇：《中国工业企业技术效率分析》，载于《经济研究》2001 年第 10 期，第 13～19 页。

[72] 叶华、吴晓刚：《生育率下降与中国男女教育的平等化趋势》，载于《社会学研究》2011 年第 5 期，第 153～177、245 页。

[73] 于洪霞、龚六堂、陈玉宇：《出口固定成本融资约束与企业出口行为》，载于《经济研究》2011 年第 4 期，第 55～67 页。

[74] 余超、杨云红：《银行竞争，所有制歧视和企业生产率改善》，载于《经济科学》2016 年第 2 期，第 81～92 页。

[75] 余林徽、陆毅、路江涌：《解构经济制度对我国企业生产率的影响》，载于《经济学（季刊）》2013 年第 1 期，第 127～150 页。

[76] 俞萍萍、廖利兵：《外资并购会提高生产率吗？——基于中国制造业微观数据的检验》，载于《世界经济研究》2014 年第 9 期，第 68～74、89 页。

[77] 翟士军、黄汉民：《人口红利，工资刚性与加工贸易增值强度》，载于《国际贸易问题》2015 年第 11 期，第 39～50 页。

[78] 张川川：《"中等教育陷阱"？——出口扩张、就业增长与个体教育决策》，载于《经济研究》2015 年第 12 期，第 115～127 页。

[79] 张建波、张丽：《中国外资工业企业全要素生产率的增长特征及其空间差异——基于 2001～2007 年省域面板数据的随机前沿分析》，载于《当代经济科学》2012 年第 3 期，第 67～73，

126 页。

［80］张杰、张培丽、黄泰岩：《市场分割推动了中国企业出口吗?》，载于《经济研究》2010 年第 8 期，第 29～41 页。

［81］张三峰、卜茂亮：《环境规制，环保投入与中国企业生产率——基于中国企业问卷数据的实证研究》，载于《南开经济研究》2011 年第 2 期，第 129～146 页。

［82］赵伟、赵金亮：《生产率决定中国企业出口倾向吗——企业所有制异质性视角的分析》，载于《财贸经济》2011 年第 5 期，第 100～105 页。

［83］钟昌标：《影响中国电子行业出口决定因素的经验分析》，载于《经济研究》2007 年第 9 期，第 62～70 页。

［84］周卫民：《全要素生产率理论的一种改进——基于中国管理投入视角下的研究》，载于《中国经济问题》2009 年第 6 期，第 58～63 页。

［85］朱钟棣、李小平：《中国工业行业资本形成，全要素生产率变动及其趋异化：基于分行业面板数据的研究》，载于《世界经济》2005 年第 9 期，第 51～62 页。

［86］Anderson, J. E. and D. Marcouiller, "Insecurity and the Pattern of Trade: an Empirical Investigation", *Review of Economics and Statistics*, Vol. 84, 2, PP342－352, 2002.

［87］Arnold, J., G. Nicoletti and S. Scarpetta, "Regulation, Allocative Efficiency and Productivity in OECD Countries: Industry and Firm-Level Evidence", *OECD Economic Department Working Paper*, 2008.

［88］Atalay, E., A. Hortacsu and C. Syverson, "Why Do Firms Own Production Chains?", *NBER Working Paper* No. 18020, 2012.

［89］Atkeson, A. and A. T. Burstein, "Innovation, Firm Dynamics, and International Trade", *Journal of Political Economy*, Vol. 118, 3, PP433－484, 2010.

［90］Atkin, D. , "Endogenous Skill Acquisition and Export Manufacturing in Mexico", *American Economic Review*, Vol. 106, 8, PP2046 – 2085, 2016.

［91］Aw, B. Y. , M. J. Roberts and D. Yi Xu, "R&D Investment, Exporting, and Productivity Dynamics", *American Economic Review*, Vol. 101, 4, PP1312 – 1344, 2011.

［92］Axtell, R. L. , "Zipf Distribution of US Firm Sizes", *Science*, Vol. 293, 5536, PP1818 – 1820, 2001.

［93］Balasubramanian, N. and J. Sivadasan, "What Happens When Firms Patent? New Evidence From US Economic Census Data", *Review of Economics and Statistics*, Vol. 93, 1, PP126 – 146, 2011.

［94］Bandiera, O. , I. Barankay and I. Rasul, "Incentives For Managers and Inequality Among Workers: Evidence From A Firm-Level Experiment", *Quarterly Journal of Economics*, Vol. 122, 2, PP729 – 773, 2007.

［95］Bandiera, O. , I. Barankay and I. Rasul, "Social Connections and Incentives in the Workplace: Evidence From Personnel Data", *Econometrica*, Vol. 77, 4, PP1047 – 1094, 2009.

［96］Bartelsman, E. , J. Haskel and R. Martin, "Distance To Which Frontier? Evidence On Productivity Convergence From International Firm-Level Data", *Centre for Economic Policy Research Paper* No. 7032, 2008.

［97］Battu, H. , C. R. Belfield and P. J. Sloane, "Human Capital Spillovers Within the Workplace: Evidence For Great Britain", *Oxford Bulletin of Economics and Statistics*, Vol. 65, 5, PP575 – 594, 2003.

［98］Becker, G. S. and H. G. Lewis, "On the Interaction Between the Quantity and Quality of Children", *Journal of Political Economy*, Vol. 81, 2, Part 2, PPS279 – S288, 1973.

［99］Becker, S. O. , F. Cinnirella and L. Woessmann, "The

Trade-Off Between Fertility and Education: Evidence From Before the Demographic Transition", *Journal of Economic Growth*, Vol. 15, 3, PP177 – 204, 2010.

[100] Berkowitz, D., J. Moenius and K. Pistor, "Trade, Law, and Product Complexity", *Review of Economics and Statistics*, Vol. 88, 2, PP363 – 373, 2006.

[101] Bernard, A. B. and J. B. Jensen, "Why Some Firms Export", *Review of Economics and Statistics*, Vol. 86, 2, PP561 – 569, 2004.

[102] Bernard, A. B., S. J. Redding and P. K. Schott, "Multiproduct Firms and Trade Liberalization", *Quarterly Journal of Economics*, Vol. 126, 3, PP1271 – 1318, 2011.

[103] Bertrand, M. and A. Schoar, "Managing With Style: the Effect of Managers On Firm Policies", *Quarterly Journal of Economics*, Vol. 118, 4, PP1169 – 1208, 2003.

[104] Blanchard, E. and G. Willmann, "Trade, Education, and the Shrinking Middle Class", *Journal of International Economics*, Vol. 99, PP263 – 278, 2016.

[105] Blanchard, E. J. and W. W. Olney, "Globalization and Human Capital Investment: Export Composition Drives Educational Attainment", *Journal of International Economics*, Vol. 106, PP165 – 183, 2017.

[106] Bloom, N., M. Draca and J. Van Reenen, "Trade Induced Technical Change? the Impact of Chinese Imports On Innovation, IT and Productivity", *Review of Economic Studies*, Vol. 83, 1, PP87 – 117, 2016.

[107] Bloom, N. and J. Van Reenen, "Measuring and Explaining Management Practices Across Firms and Countries", *Quarterly Journal of Economics*, Vol. 122, 4, PP1351 – 1408, 2007.

[108] Bloom, N. and J. Van Reenen, "Why Do Management

Practices Differ Across Firms and Countries?", *Journal of Economic Perspectives*, *Vol.* 24, 1, PP203 – 224, 2010.

[109] Boning, B., C. Ichniowski and K. Shaw, "Opportunity Counts: Teams and the Effectiveness of Production Incentives", *Journal of Labor Economics*, Vol. 25, 4, PP613 – 650, 2007.

[110] Brambilla, I., D. Lederman and G. Porto, "Exports, Export Destinations, and Skills", *American Economic Review*, Vol. 102, 7, PP3406 – 3438, 2012.

[111] Brambilla, I. and G. G. Porto, "High-Income Export Destinations, Quality and Wages", *Journal of International Economics*, Vol. 98, PP21 – 35, 2016.

[112] Bridgman, B., S. Qi and J. A. Schmitz, the Economic Performance of Cartels: Evidence From the New Deal US Sugar Manufacturing Cartel, 1934 – 74, Federal Reserve Bank of Minneapolis, 2009.

[113] Brooks, R., "Population Aging and Global Capital Flows in A Parallel Universe", *IMF Staff Papers*, 2003.

[114] Brown, J. D., J. S. Earle and A. Telegdy, "The Productivity Effects of Privatization: Longitudinal Estimates From Hungary, Romania, Russia, and Ukraine", *Journal of Political Economy*, Vol. 114, 1, PP61 – 99, 2006.

[115] Buckley, P. J., J. Clegg and C. Wang, "Is the Relationship between Inward FDI and Spillover Effects Linear? an Empirical Examination of the Case of China", *Journal of International Business Studies*, Vol. 38, 3, PP447 – 459, 2007.

[116] Burstein, A. and M. Melitz, "Trade Liberalization and Firm Dynamics", *Applied Economics*, Vol. 2, PP283 – 328, 2013.

[117] Bustos, P., "Trade Liberalization, Exports, and Technology Upgrading: Evidence on the Impact of Mercosur on Argentinian Firms", *American Economic Review*, Vol. 101, 1, PP304 – 340,

2011.

[118] Callen, M. T. , W. J. Mckibbin and N. Batini, "The Global Impact of Demographic Change", *IMF Working Papers*, 2006.

[119] Costantini, J. and M. Melitz, "The Dynamics of Firm-Level Adjustment To Trade Liberalization", *Organization of Firms in A Global Economy*, Vol. 4, PP107 – 141, 2008.

[120] Crespi, G. , C. Criscuolo, J. E. Haskel and M. Slaughter, "Productivity Growth, Knowledge Flows, and Spillovers", *NBER Working Paper* No. 13959, 2008.

[121] Demidova, S. , "Productivity Improvements and Falling Trade Costs: Boon Or Bane?", *International Economic Review*, Vol. 49, 4, PP1437 – 1462, 2008.

[122] Diamond, P. A. , "National Debt in A Neoclassical Growth Model", *American Economic Review*, Vol. 55, 5, PP1126 – 1150, 1965.

[123] Domeij, D. and M. Floden, "Population Aging and International Capital Flows", *International Economic Review*, Vol. 47, 3, PP1013 – 1032, 2006.

[124] Doraszelski, U. and J. Jaumandreu, "R&D and Productivity: Estimating Endogenous Productivity", *Review of Economic Studies*, Vol. 80, 4, PP1338 – 1383, 2013.

[125] Eckel, C. and J. P. Neary, "Multi-Product Firms and Flexible Manufacturing in the Global Economy", *Review of Economic Studies*, Vol. 77, 1, PP188 – 217, 2010.

[126] Fernandes, A. M. , "Trade Policy, Trade Volumes and Plant-Level Productivity in Colombian Manufacturing Industries", *Journal of International Economics*, Vol. 71, 1, PP52 – 71, 2007.

[127] Ferrero, A. , "Demographic Trends, Fiscal Policy and Trade Deficits", *Society for Economic Dynamics*, *Meeting Paper*, 2005.

[128] Forbes, S. J. and M. Lederman, "Does Vertical Integra-

tion Affect Firm Performance? Evidence From the Airline Industry",
RAND Journal of Economics, Vol. 41, 4, PP765 – 790, 2010.

[129] Fougère, M. and M. Mérette, "Population Ageing and the Current Account in Selected OECD Countries", *Department of Finance Canada* No. 1998 – 04, 1998.

[130] Fox, J. T. and V. Smeets, "Does Input Quality Drive Measured Differences in Firm Productivity?", *International Economic Review*, Vol. 52, 4, PP961 – 989, 2011.

[131] Galor, O., "The Demographic Transition: Causes and Consequences", *Cliometrica*, Vol. 6, 1, PP1 – 28, 2012.

[132] Galor, O. and D. N. Weil, "Population, Technology, and Growth: From Malthusian Stagnation To the Demographic Transition and Beyond", *American Economic Review*, Vol. , PP806 – 828, 2000.

[133] Gennaioli, N., R. La Porta, F. Lopez-De-Silanes and A. Shleifer, "Human Capital and Regional Development * ", *Quarterly Journal of Economics*, Vol. 128, 1, PP105 – 164, 2013.

[134] Ghironi, F. and M. J. Melits, "International Trade and Macroeconomic Dynamics With Heterogeneous Firms", *Quarterly Journal of Economics*, Vol. 120, 3, PP865 – 915, 2005.

[135] Gollin, D., "Nobody's Business But My Own: Self-Employment and Small Enterprise in Economic Development", *Journal of Monetary Economics*, Vol. 55, 2, PP219 – 233, 2008.

[136] Greenaway, D. and R. Kneller, "Firm Heterogeneity, Exporting and Foreign Direct Investment", the *Economic Journal*, Vol. 117, 517, PP, 2007.

[137] Greenaway, D., N. Sousa and K. Wakelin, "Do Domestic Firms Learn To Export From Multinationals?", *European Journal of Political Economy*, Vol. 20, 4, PP1027 – 1043, 2004.

[138] Greenstone, M., J. A. List and C. Syverson, "The Effects of Environmental Regulation On the Competitiveness of US Manu-

facturing", *NBER Working Paper* No. 18392, 2012.

[139] Hallak, J. C., "Product Quality and the Direction of Trade", *Journal of International Economics*, Vol. 68, 1, PP238 – 265, 2006.

[140] Helpman, E., M. J. Melitz and S. R. Yeaple, "Export Versus FDI With Heterogeneous Firms", *American Economic Review*, Vol. 94, 1, PP300 – 316, 2004.

[141] Higgins, M., "Demography, National Savings, and International Capital Flows", *International Economic Review*, Vol., PP343 – 369, 1998.

[142] Hottman, C. J., S. J. Redding and D. E. Weinstein, "Quantifying the Sources of Firm Heterogeneity", *Quarterly Journal of Economics*, Vol. 131, 3, PP1291 – 1364, 2016.

[143] Ilmakunnas, P., M. Maliranta and J. Vainiomäki, "The Roles of Employer and Employee Characteristics For Plant Productivity", *Journal of Productivity Analysis*, Vol. 21, 3, PP249 – 276, 2004.

[144] Kaasa, A., "Effects of Different Dimensions of Social Capital On Innovative Activity: Evidence From Europe At the Regional Level", *Technovation*, Vol. 29, 3, PP218 – 233, 2009.

[145] Keller, W. and S. R. Yeaple, "Multinational Enterprises, International Trade, and Productivity Growth: Firm-Level Evidence From the United States", *Review of Economics and Statistics*, Vol. 91, 4, PP821 – 831, 2009.

[146] Khan, B. M. and J. Xia, "Export Destination, Skill Utilization and Skill Premium in Chinese Manufacturing Sector", *MPRA Paper* No. 72408, 2016.

[147] Krugman, P., "Scale Economies, Product Differentiation, and the Pattern of Trade", *American Economic Review*, Vol. 70, 5, PP950 – 959, 1980.

[148] Lebedinski, L. and V. Vandenberghe, "Assessing

Education'S Contribution To Productivity Using Firm-Level Evidence",
International Journal of Manpower, Vol. 35, 8, PP1116 – 1139,
2014.

[149] Lee, R. and A. Mason, "Fertility, Human Capital, and
Economic Growth Over the Demographic Transition", *European Journal
of Population*, Vol. 26, 2, PP159 –182, 2010.

[150] Lentz, R. and D. T. Mortensen, "An Empirical Model of
Growth Through Product Innovation", *Econometrica*, Vol. 76, 6,
PP1317 –1373, 2008.

[151] Levinsohn, J. and A. Petrin, "Estimating Production
Functions Using Inputs To Control For Unobservables", *Review of Eco-
nomic Studies*, Vol. 70, 2, PP317 –341, 2003.

[152] Levitt, S. D. , J. A. List and C. Syverson, How Does
Learning By Doing Happen?, University of Chicago, 2011.

[153] Li, B. and H. Zhang, "Does Population Control Lead To
Better Child Quality? Evidence From China's One-Child Policy Enforce-
ment", *Journal of Comparative Economics*, Vol. 45, 2, PP246 –260,
2017.

[154] Lileeva, A. and D. Trefler, "Improved Access To Foreign
Markets Raises Plant-Level Productivity… for Some Plants", *Quarterly
Journal of Economics*, Vol. 125, 3, PP1051 –1099, 2010.

[155] Liu, X. and T. Buck, "Innovation Performance and Chan-
nels For International Technology Spillovers: Evidence From Chinese
High-Tech Industries", *Research Policy*, Vol. 36, 3, PP355 – 366,
2007.

[156] Lucas Jr, R. E. , "On the Mechanics of Economic Devel-
opment", *Journal of Monetary Economics*, Vol. 22, 1, PP3 – 42,
1988.

[157] Manova, K. , "Credit Constraints, Equity Market Liberal-
izations and International Trade", *Journal of International Economics*,

Vol. 76, 1, PP33 – 47, 2008.

[158] Manova, K., "Credit Constraints, Heterogeneous Firms, and International Trade", *Review of Economic Studies*, Vol. 80, 2, PP711 – 744, 2012.

[159] Marshall, A., Industry and Trade: A Study of Industrial Technique and Business Organization, Macmillan, 1920.

[160] Matsuyama, K., "Beyond Icebergs: Towards a Theory of Biased Globalization", *Review of Economic Studies*, Vol. 74, 1, PP237 – 253, 2007.

[161] Mayer, T., M. J. Melitz and G. I. Ottaviano, "Market Size, Competition, and the Product Mix of Exporters", *American Economic Review*, Vol. 104, 2, PP495 – 536, 2014.

[162] Mcmillan, J. and C. Woodruff, "The Central Role of Entrepreneurs in Transition Economies", *Journal of Economic Perspectives*, Vol. 16, 3, PP153 – 170, 2002.

[163] Melitz, M. J., "The Impact of Trade On Intra-Industry Reallocations and Aggregate Industry Productivity", *Econometrica*, Vol. 71, 6, PP1695 – 1725, 2003.

[164] Melitz, M. J. and S. J. Redding, Chapter 1 – Heterogeneous Firms and Trade", Handbook of International Economics, 2014.

[165] Moretti, E., "Workers' Education, Spillovers, and Productivity: Evidence From Plant-Level Production Functions", *American Economic Review*, Vol. 94, 3, PP656 – 690, 2004.

[166] Munch, J. R. and J. R. Skaksen, "Human Capital and Wages in Exporting Firms", *Journal of International Economics*, Vol. 75, 2, PP363 – 372, 2008.

[167] Naito, T. and L. Zhao, "Aging, Transitional Dynamics, and Gains From Trade", *Journal of Economic Dynamics and Control*, Vol. 33, 8, PP1531 – 1542, 2009.

[168] Pavcnik, N., "Trade Liberalization, Exit, and Produc-

tivity Improvements: Evidence From Chilean Plants", *Review of Economic Studies*, Vol. 69, 1, PP245 –276, 2002.

[169] Prettner, K. , D. E. Bloom and H. Strulik, "Declining Fertility and Economic Well-Being: Do Education and Health Ride To the Rescue?", *Labour Economics*, Vol. 22, PP70 –79, 2013.

[170] Prettner, K. and A. Schäfer, "Higher Education and the Fall and Rise of Inequality", *CER – ETH Economics Working Paper Series*, 2016.

[171] Qin, X. , C. C. Zhuang and R. Yang, "Does the One-Child Policy Improve Children's Human Capital in Urban China? A Regression Discontinuity Design", *Journal of Comparative Economics*, 2016.

[172] Sakellaris, P. and D. J. Wilson, "Quantifying Embodied Technological Change", *Review of Economic Dynamics*, Vol. 7, 1, PP1 –26, 2004.

[173] Sala, D. and E. Yalcin, "Export Experience of Managers and the Internationalisation of Firms", the *World Economy*, Vol. 38, 7, PP1064 –1089, 2015.

[174] Sayan, S. , "Heckscher – Ohlin Revisited: Implications of Differential Population Dynamics For Trade Within an Overlapping Generations Framework", *Journal of Economic Dynamics and Control*, Vol. 29, 9, PP1471 –1493, 2005.

[175] Scherer, F. M. , "Firm Size, Market Structure, Opportunity, and the Output of Patented Inventions", *American Economic Review*, Vol. 55, 5, PP1097 –1125, 1965.

[176] Schumpeter, J. A. , Socialism, Capitalism and Democracy, Harper and Brothers, 1942.

[177] Sleuwaegen, L. and M. Goedhuys, "Growth of Firms in Developing Countries, Evidence From Cote d'Ivoire", *Journal of Development Economics*, Vol. 68, 1, PP117 –135, 2002.

[178] Strulik, H. , K. Prettner and A. Prskawetz, "The Past and Future of Knowledge-Based Growth", *Journal of Economic Growth*, Vol. 18, 4, PP411 - 437, 2013.

[179] Syverson, C. , "What Determines Productivity?", *Journal of Economic Literature*, Vol. 49, 2, PP326 - 365, 2011.

[180] Tian, W. , Y. Yao, M. Yu and Y. Zhou, "Demography and International Trade", *University of Wisconsin-Madison Fall* 2011 *Workshop Working Paper*, 2011.

[181] Van Ark, B. , M. O'Mahoney and M. P. Timmer, "The Productivity Gap Between Europe and the United States: Trends and Causes", *Journal of Economic Perspectives*, Vol. 22, 1, PP25 - 44, 2008.

[182] Vandenberghe, V. , "The Productivity Challenge. What To Expect From Better-Quality Labour and Capital Inputs?", *Applied Economics*, Vol. , PP1 - 13, 2017.

[183] Verhoogen, E. A. , "Trade, Quality Upgrading, and Wage Inequality in the Mexican Manufacturing Sector", *Quarterly Journal of Economics*, Vol. 123, 2, PP489 - 530, 2008.

[184] Wei, S. J. and X. Zhang, "The Competitive Saving Motive: Concept, Evidence, and Implications", *Asian Development Bank Economics Working Paper Series*, 2015.

[185] Wilson, J. S. , C. L. Mann and T. Otsuki, "Assessing the Potential Benefit of Trade Facilitation: A Global Perspective", *Policy Research Working Paper Series* 3224, *The World Bank*, 2004.

[186] Yakita, A. , "Different Demographic Changes and Patterns of Trade in A Heckscher – Ohlin Setting", *Journal of Population Economics*, Vol. 25, 3, PP853 - 870, 2012.

[187] Yeaple, S. R. , "The Complex Integration Strategies of Multinationals and Cross Country Dependencies in the Structure of Foreign Direct Investment", *Journal of International Economics*, Vol. 60,

2, PP293 –314, 2003.

[188] Zhenzhen, Z. , Y. Cai, W. Feng and G. Baochang, "Below-Replacement Fertility and Childbearing Intention in Jiangsu Province, China", *Asian Population Studies*, Vol. 5, 3, PP329 –347, 2009.